Tendrás oro y oro

Rafael Sender

Tendrás oro y oro

EDITORIAL ANAGRAMA
BARCELONA

Portada:
Julio Vivas
Ilustración de Angel Jové

© Rafael Sender, 1985

© EDITORIAL ANAGRAMA, 1985
Calle de la Cruz, 44
08034 Barcelona

ISBN 84-339-1717-X
Depósito Legal: B. 11289 - 1985

Printed in Spain

Diagràfic, S. A., Constitució, 19, 08014 Barcelona

El día 15 de noviembre de 1984, un jurado compuesto por Salvador Clotas, Juan Cueto, Luis Goytisolo, Esther Tusquets y el editor Jorge Herralde, otorgó el II Premio Herralde de Novela, a la obra *El desfile del amor,* de Sergio Pitol, por unanimidad.

Resultaron finalistas, por este orden, *Me llamaré Tadeusz Freyre* de Miguel Enesco, *Tendrás oro y oro* de Rafael Sender, y *Amado monstruo* de Javier Tomeo.

A Juan Carandell

I

Querido hijo:
No tenía nada que decirte. Esa razón me ha movido a no escribir durante tantos años, todos a secas digamos sin hipocresías. Murió tu madre, a quien sin duda querías más que yo —aunque la amé un rato, no la quería—, ya ves como hablo mal de los nuevo-muertos quizá para corresponder al personaje que ella no dejaría de recrearte, tan tesonera esa Elena. Por aquí estaba obligado a empezar y, si no has tirado todavía la carta, hay esperanzas de inicio de entendimiento y, como soy viejo y calculador, el cuándo no se me da un ardite. Nunca os hice visitas dominicales, es un decir, porque la visión de la santa me hubiera sumido en la más honda de las melancolías —¡a mí, un alegre nato!— y creo que ha sido mejor para un crío no conocerme que hacerlo bajo tamaña influencia. Cerremos el tema y hablando en adulto, lo eres hace mucho por edad al menos, te ofrezco desde ya mi amistad. No la deseches rápido y rencoroso, piénsalo un momento, siquiera sea debido a egoístas motivaciones. No ignorarás por tu madre que las cosas me han ido bien en estos últimos años, desmintiendo por lo tanto la realidad cientos de sesudas profecías jeremíacas de funcionarios tan caros a la difunta, y de ese bienestar puedes gozar si así lo deseas pues sabes, o si no lo sabes de ello te informo, que tampoco comparto las teorías autosuficientistas de Elena. Haré con gusto todo lo que esté en mi mano para que mi hijo no se vea obligado a trabajar y pueda leer, amar o

emborracharse como un caballero. En este punto debo referirme forzosamente a mis situaciones actuales —la una implica la otra— que no son grata, la una, la situación física digamos para entendernos, ni mejorable la otra, la situación geográfica de la clínica donde estoy. No es propiamente una clínica sino una residencia médica, lugar donde por propia voluntad me someto a una cura antialcohólica, primera de mi vida, lo que, dado mi edad, me confiere indudable superioridad moral sobre mis amigos muertos, reducidos a la fase mineral, o a cuartas y quintas curas. Es decir que no me avergüenzo en lo más mínimo y me limito a comunicarlo para que sepas dónde paro, en una residencia de Miraflores, Lima 18, como verás por el remite. Confieso que no es fácil este tipo de comunicación que ensayo, máxime no teniendo mayor referencia de ti que la carga genética —compartida, ay—. ¿Qué han podido hacer contigo esa España mezquina y esa Elena idem? Perdón otra vez. La verdad es que me muero de ganas de verlo en directo, de tenerte aquí para observarte y ver cómo fue mi deseo, si en alguna forma logré algo masculino, o inteligente o alegre, cuya sola presencia sirva para hacerme reír a carcajadas al imaginarlo metido de patas ambas en un mundo como mínimo raro. Habrás comprobado, oh hijo de Elena, que tu padre es un alcohólico metafísico y festivo.

Dejó caer la pluma que cayó ensanchando el último punto, convirtiéndolo casi en un guión rasgado, camino hacia abajo, hacia la mesita blanca donde se apoyaba el papel, fino papel de carta del Hotel Amazonas, Quito, lugar de procedencia, quizá remota. Miguel Angel Luna sonrió, alzó la cabeza donde se erguían altivos algunos rizos negros, alborotados como si les afectara la proximidad de un cerebro presto siempre a la risa, dedicó breves segundos a analizar el inesperado deterioro del tono de la carta, más sentimental a cada línea, y luego se dejó ganar por las percepciones que su mirada, abismada en el cristal del balcón, traía de forma mecánica. El frío, húmedo y voluntarioso, de comportamiento semejante al de las moscas empeñadas en llegar al verano, penetraba el cuadriculado batín gris haciendo añorar tiempos sin pastillas cuando las once de la mañana brindaban la primera copa. Pegó el morro al cristal empañado —asquerosa garúa, ni lluvia siquiera, de esta ciudad donde jamás debí venir a parar—, clavó los ojos de párpados caídos en una perspectiva inmensa de mar gris; luego se avino a la realidad dejando reposar la mirada en la acera resbaladiza, gris también, del malecón hermoso que un zambo recorría, lento, arrastrando un cubo gris lleno a rebosar de desperdicios y matojos urbanos. Penetró con descaro en la habitación del hospital-residencia el chirrido del carrito de ruedas mal engrasadas junto con una bocanada de aire salino impregnada de gotitas de lluvia. Ajustándose el batín osó asomar su cuerpo en tratamiento a la mañana de finales de invierno, abrió la boca y silbó metiendo dos dedos dentro, brillándole una luz sarcástica en los ojos viejos, don Miguel Angel.

—¡Maestro! ¡Profesor! —gritó con grito ronco de acentos militares—. ¿No ves, hombre, que te gana, que no puedes limpiar tú solo todo eso, hombre? Mira: ¿No ves que el malecón entero es un basural?

La gorra le tapaba el pelo, crespo sin duda, la visión de algo más alto que el suelo mugriento del paseo, pero no las orejas enormes. Se detuvo atento a la llamada del viejo asomado a la Residencia, sorprendido de su extraño comportamiento de rico tal vez loco, dejó llegar autoritarias sus palabras.

—Anda, cómprame un par de cervecitas bien heladas. En lata. Me las traes en lata y se las das al ascensorista para el de la tres, la tres, tres.

El billete pardo revoloteó empapándose de llovizna, reposó luego algunos segundos en el suelo recién barrido del malecón, impotente, un simple papel que la mano morena del zambo levantó.

—¿Y el vuelto, señor?

Ni siquiera contestó, con un gesto dio a entender su desinterés, y no le miró doblar la esquina arrastrando desganado el carro inmundo.

El cinturón, tenso sobre la barriga, abultaba el pecho atlético, enorme, de aquel hombre asomado al balcón, con las manos metidas en los bolsillos, cuya mirada perdida revoloteaba sobre la ladera del terraplén cubierto de basuras —latas vacías, botellas de plástico, peladuras de frutos tropicales, papeles de diario— que iba a morir en una carretera junto a la arena de la playa. El señor Luna dio media vuelta, contempló una vez más, reflejado en el cristal de la puerta, un mar poco civilizado, sin caminos, y se aisló en su habitación de la garúa, las postrimerías del invierno, el olor a sal, a basura, a materia orgánica sustrato de un obsesivo renacer de la primavera.

Sentado de nuevo ante la mesa blanca, intentó continuar la carta, sabedor de la tardanza —caso de hacerse realidad— de la añorada cerveza. Releyó despacio, corrigiendo repeticiones y estilo, confirmando el presentimiento de que ésta tampoco vería buzón, caería como tantos otros intentos postelena en la papelera de mimbre, las casi dos páginas escritas con menuda letra caprichosa. Sosteniendo la pluma en la mano izquierda, siguió añadiendo puntos negros sobre el impecable papel aromático brindado a los clientes atacados de spleen o mal de vino. Era ya otra cosa lo que confeccionaba, aplicando imaginación y sentimiento estético en la tarea, inspirado por el mar, la ausencia de ruidos, el placer que nunca dejaba de depararle su yo del todo distanciado y propuesto como sujeto de estudio. Sin embargo se le apoderaba la cerrazón del día —día gris incluso en pleno mediodía garuoso—, también la otra, ausencia de calor mental, de combustible, tornándole indiferente respecto a sí mismo, respecto a la belleza del malecón mojado llegada hasta los sentidos siempre en vela.

Oyó el ruido del picaporte al girar sigiloso y se negó a volverse, renunciando a ver un pedacito de pasillo acolchado, seguro como estaba de la imposibilidad de una sorpresa, agradable por lo menos. El susurro de pies amaestrados se aproximó a la mesa donde trataba de escribir, teniendo bien presente sin embargo el rostro que no veía, rechoncho rostro de chola monja. Cesaron los pasos cuando se hizo patente la visión de sor Rosa, parada sonriente ante él, reluciendo su albo vestido inmaculado. En aquella fatídica mañana con síntomas de síndrome, psíquico al menos, una mujer horrible, monja además, le reñía afable.

—Tomando pastillas, cualquier alcohol, también la cerveza, no es refresco y usted lo sabe, le van a dar reacción. No sea zonzo. Si usted mismo lo ha pedido, si es por su bien. Hay que tener voluntad.

La oía sin proponérselo, resultaba imposible no percibir las ondas acústicas; el cerebro estúpido las interpretaba luego dando forma a aquellos consejos memos, y el viejo se sentía contento de haberse enriquecido, capaz por lo menos de pagar una habitación individual con baño y aislamiento. Tampoco esta vez conseguiría introducir algo de alcohol en sangre, lo suficiente para alegrar el día, pobre zambo detenido en el mismo vestíbulo, inmensos alfombrones y portero elegante contrastando con el uniforme de basurero nacional. Tenía razón en parte la enfermera cuando hacía referencia a voluntad y libre albedrío. El mismo lo había querido así, nadie le obligó a internarse, pero el cuerpo no sabía nada, era insensible a razonamientos, reclamaba ahora, aunque fuera en pequeña dosis, energía animal, calor interno capaz de ahuyentar la humedad del mar y del invierno. Vio cómo alisaba las sábanas hasta dejar una cama impecable, graciosamente presidida por almohadones rosas de anciano, cómo acumulaba frascos y más frascos encima de la mesilla dando instrucciones arcaicas, repetidas hasta la saciedad en días anteriores. Intentó bromear don Miguel Angel sabiéndose en realidad a merced de ella pese a su dinero, edad, condición social e inteligencia: «Sí, hermana. ¿Cómo no, hermana? A sus órdenes, mi hermana.» Le preguntó la fecha y puso septiembre arriba, en el margen, encabezando la carta, meticulosa manía de hombre desordenado a quien el aburrimiento hacía cambiar costumbres. Al salir la enfermera, penetró otra vez en el cuarto una breve visión de pasillo acolchado y parte de una marina azul, absurda allí, mediterránea.

Bueno, no es mucho peor que una larga travesía en barco, se dijo, ensueño del océano inmenso, lento de hacer, una travesía personal sin tiburones detrás de la estela, privado de ver sus aletas irreales, semejantes a espectros de agua, privado también de compartir comidas prolongadas junto a los demás viajeros, lleno todo el santo día de mí, más viejo que en mis viajes trasatlánticos. Y hice. Innumerables periplos ordenados por mis nervios y el destino, cada vez mejor viajero, más sosegado, observador, en mejor clase cada vez en razón de la fortuna creciente. Hay sin duda una especie de armonía universal, nos trazamos a nosotros mismos, se producen las cosas en su momento, obscuro o no, incluso esta residencia y esta visión del mundo, alma me atrevería a llamarla sin sarcasmo; no la vejez empero, ella no. Llegada en plena riqueza, ¿de qué vale el oro para el alma, para el espíritu? Ando ya pensando en criterios de utilidad, en brindársela a otro, pues mi cuerpo está ahíto, aburrido, y la cabeza sólo da para reírme, también leer me fatiga, hasta en amor filial pienso, en metempsicosis. Miedo y debilidad. No quiero morir joven —relativamente joven— y borracho porque se pasó el momento, no hay gestas ni amor desconsolado donde embellecer el gesto, y los restos de mí se agarran a la vida como la culebra al palo que le chafa la cabeza. Dos semanas me quedan por llenar —miró otra vez el malecón, siempre mojado, donde las hojas amontonadas habían emprendido un corto vuelo deslizándose por la ladera en dirección al mar— llenándome de pastillas —tomó dos de las que sor Rosa había dejado sobre la mesilla, rosas como ella—, permitiendo a los recuerdos poseerme, crear emociones, desasosiego, alegría, sensación de pensamiento nuevo los muy traidores. Recorrió a zancadas regulares la estancia holgada, pinta tremenda de loco con su batín a cuadros, desgreñado, con expresión demasiado inteligente para su edad y especie, mirando el mar de los centauros, ajeno, gris empecinado. Habiéndose decidido a no echar la carta, volvió a ella, bufón esta vez, a emborronar el pedazo que permanecía todavía blanco, dibujó paisajes interiores, una negra silla de tres patas, rimó pésimas letrillas a la muerte de Elena.

Dormitaba, apoyada la frente en sus brazos musculosos, cuando la puerta se abrió dando paso a un hombre joven con lentes, grave pese a la juventud, doctoral. Don Miguel Angel había brincado ya encarándose al recién llegado; le sonreía mostrando una dentadura intacta, blanca, postiza.

—¡Doctor! —dijo simulando alegría—. ¿No se enteró del telegrama de anoche? Sabe, doctor, falleció para siempre la sustituta del cordón umbilical que me ahorcó en su día. Le estaba escribiendo a mi hijo para darle el pésame y presentarme.

Vio inspeccionar al joven poco disimulado los rincones de la estancia, la papelera de pasada, olisquear abriendo de par en par las ventanillas de su naiz pequeña, buscador de alcohol prohibido a media mañana. El enfermo se encontraba poco combativo, la mayor parte de la energía matutina se había ido en ansias de cerveza, en decepción por el frustrado golpe del zambo basurero, en la carta. Nada dijo, pues, acerca de su confianza en las ciencias humanas; se limitó a escuchar las parrafadas doctorales con cara plácida, inescrutable. Le confesaban saber poco de él, se le acusaba de mutismo. ¿Para qué había venido a la clínica? Un barquito cruzaba ahora el horizonte camino hacia el muelle de pescadores, allí donde azotarían mansas olas, donde alguien comería pescado con arroz, un pobre a sus pies devoraría las espinas, habría cajones llenos de cervezas sucumbidas, apetecibles botellas trasegadas por otro. Sintió profunda ira, ganas contra el joven denso y libre.

—Sólo confío en pastillas, doctor, no en conjuros.

Le oyó perorar monocorde sobre la objetividad de sus métodos, su materialismo, la ciencia. Don Miguel Angel no era feliz, estaba nervioso, las manos le temblaban, en nada disfrutaba de aquella conferencia larga, aburrida como su mismo autor a quien, pese a la inmensa estupidez, no le estaba negada la bebida.

—Le escribo a mi hijo y le digo que no se preocupe. Le cuento de usted: un excelente doctor me atiende, estate tranquilo, un joven psicoanalista gran buscador de traumas.

Se concentró en el barquito, más cerca de la costa cada vez pero virando ya hacia Chorrillos, camino del muelle, sin atender al médico irritado, hostil, carente de sentido del humor, que le increpaba con razonamientos morales haciendo referencia a su vida inútil, su dinero malganado, cinismo, hígado enfermo y cerebro insano también. Repasaba ahora el día en función de pastillas, rosa a tal hora, blanca a tal otra, seco, impersonal; le pagaban para tratarle aunque le daba igual si quería seguir como estaba, psicópata sufriendo y haciendo sufrir, «si es que podía».

Jamás le hubiera hablado así a un viejo, pensó el viejo, nunca meterme con él dándole importancia, confiriéndole mayores propiedades que legañas y calva, pobre joven, nunca llegará a ser más que un nombre, vulgar también por otra parte. No estaba el barco, se fue del campo visual, el muelle y sus olores no tenían cabida en la pieza, se fue con una tripulación donde encontrar charla y trago acompañado, encanto animal. El doctor aplicaba instrumentos sobre el brazo fuerte de don Miguel Angel, daba aire a gomas color terroso cuya utilidad consistiría en medir servicios de un cuerpo ajeno, a falta de informes mentales atendía ahora posibles consecuencias de la carencia de alcohol en un engranaje tan acostumbrado a gozarlo.

Salió irritado, despidiéndose sin embargo —melosa voz de anciano pendejo le respondió solícita—, y tras cerrar la puerta caminó sobre la moqueta gris del pasillo, pasó por delante de la marina, cuyo mar permanecía en calma, libre pese a su mal humor a diferencia del alcohólico encerrado tras la puerta acolchada. Maldita salud, presión arterial perfecta que se le antojaba al doctor una broma de mal gusto, fortaleza física impropia de aquel viejo guiado por principios nocivos de una inconstancia ofensiva para alguien acostumbrado a tomar la vida con voluntarismo. Su trabajo en aquel desdichado país suyo no permitía fantasías ni excesivas fidelidades —al menos en una primera etapa, se decía—, obligaba a tratar ricos en una Residencial, ricos estúpidos. Ninguno había que más aversión le produjera que el pájaro burlón de la Tres, desaprensivo, inteligente quizá, oscilante, pese a su recalcitrante machismo, como una mujer. Miró su reloj de pulsera y comprobó, sosegándose, la proximidad del mediodía, fin de la pesadilla cotidiana en su primera mitad.

—¡Rosa! ¡Rosa! —llamó obviando el prefijo al ver a la chola en la otra punta del pasillo—. Vaya a la Tres y llévele un cachito para que juegue el señor.

El señor se había quitado el batín —reposaba éste tirado al tuntún encima de la cama, semejante a un motivo de cubismo primitivo—, había roto la carta convirtiendo el papel en minúsculos pedacitos azules y blancos, y exponía el rostro mal afeitado al tímido sol de septiembre aparecido entre humos urbanos, al tiempo que barajaba despacio los naipes. Con la primera carta en la mano depositó el mazo sobre la mesa blanca. Observó el mazo, abultado, proclamando bien a las claras un uso desmedido y se percató, mientras descubría atento al ritual la jota de plástico, de la necesidad de someter a un lavado a sus amados naipes compañeros. ¡Jota! ¡Jota mezquina! Es cierto la armonía; nada corresponde mejor a este sol tísico, mi estado de ánimo, la residencia y la monja, que la vil sota simbólica, simbolizadora también del batín fruto de mi peculiar sentido del humor para conmigo, de la carta al hijo desconocido. Aquella jota, salida en vanguardia, mostraba a las claras la inutilidad de augurios hallándose clavado entre cuatro paredes. Dejó reposar los naipes —el sol se los apropió recalentando el plástico—. Quedaron abandonados junto a la hermosa caja azul oscuro donde solían habitar boca abajo, inofensivos, como si jamás le hubieran procurado alegría y oro, o ira. Se levantó entonces para tomar su maletín de viaje, lo apoyó en la mesa blanca, y al abrirlo miró sorprendido los libros apretados en ambos compartimentos laterales, inesperado encuentro pues sabía de la imposibilidad de leer desde hacía por lo menos dos o tres años. Desechó el portafolios, preservativo de vagos asuntos comerciales, y su atención se centró en un sobrecito marrón. Sentado frente al mar con el sobre en las rodillas, prendió un cigarrillo, y el fósforo al encenderse pareció ocultar al sol tras la neblina. Así permaneció largo rato dejando ganar el malecón a la garúa, revolotear a las gaviotas ante la cerrada ventana, atendiendo sólo a las volutas de su cigarrillo colombiano, negro, pestilente, de olor a hierba pasada. Luego abrió despacio el sobre, ojeó apenas un par de viejas cartas de Miguel —las únicas— y se apoderó de una foto en colores clavando en ella una mirada fija. Sonreían allí, hombro contra hombro, su hijo y Martín, el padrino, inmortalizados mediante una instantánea, elenística sin duda, de una mala cámara japonesa. El hijo, enorme, fuerte, de ojos claros, mostraba ahora su cariño a don Miguel Angel o a cualquiera a través de una sonrisa franca; a su lado, Martín, gordo e innoble, en nada se parecía al hombre culto, italianizante, que fuera amigo del alma, hermano casi en tiempos remotos. Ese era la copia del Martín flaco, a quien recordaba junto a él en el mismo vagón, atravesando una Europa excitada, senil, junto a él más tarde en los mismos paisajes nevados, de estática belleza abotargada, compartiendo frío horrible, absurdos obuses, sonoras bofetadas de eslavas. Una tristeza fofa le invadió llenándole de más profundo malestar que el frío y la falta de cerveza, un malestar quizá presagiado por la jota. Imaginaba a su amigo envejeciendo en familia, sensato ahora, acaso reconociendo errores, capacitado para la vida social, para tratar a los hombres. Todo eso se adivinaba en sus cartas, oculto bajo bromas ingeniosas, menudas confesiones, mala conciencia. ¿De dónde venía si no esa foto que nadie le había pedido? ¿Pretendía de verdad ejercer de padrino el muy loco? ¡Gordo, viejo, callando y comprendiendo! Capaz era el padrino de tener una opinión sobre él, el concepto don Miguel Angel bien estructurado, a un ramplón nivel de hijo, de Elena, de amantes de la psicopatología o el chisme a secas. ¿Y la riqueza? Rió esta vez abriendo la boca —refulgió el blanco falso de los dientes perfectos, pirañescos— para dejar escapar una carcajada solitaria. En el baño abrió el grifo de agua caliente metiendo la cabeza dentro de la zona protegida por los cristales de la bañera lujosa, cuyo derecho había pagado con un dinero que nadie le hubiera supuesto, argumento de plata contra cualquier interpretación de su persona. Esa era mi única posibilidad, prácticamente imposible para mí, y los jodí, los jodí a todos.

Rugiendo, el agua se precipitó en falsa cascada, las gotas se reunían con las gotas, luego con la espuma rosa que lentamente iba llenando la parte superior de la bañera. Antes de entrar, ya desnudo del todo, don Miguel Angel observó sorprendido un letrero indicador de la procedencia no nacional del vidrio, de simiesco origen como el papel para escribir. Se entregó al placer sedante —agua y cálida espuma rosa— mientras se recordaba algo más joven, también más pobre, paseando por el vecino país de mal llamados «monos», feliz viendo bajar los troncos tropezando por el río marrón sucio, él tocado de sombrero blanco y de la alegría incontenible —sudaba de alegría, se comía el puro habano humedecido en su boca— nacida del reencuentro con don Miguel Angel nuevo, no sólo por volver a estar en danza sino por la mona hermosa que pendía de su brazo, esbelta, morena y ojos verdes inmensos, y sobre todo por la distancia —padre Océano, protector de héroes— entre su deseo y Elena madre y el hijo. Sólo el hijo le dolía en aquella mañana tropical, seca, donde, maleducada, la crecida del río al tirarse contra el mar sugería agua. Pobre hijo en garras de la bestia aristotélica, centrada, equilibrada, cuyo único sueño sería hacer de Miguel la antípoda moral del huido. En su centrismo llevaba el germen del horror y la intolerancia la tan respetada Elena, que incluso pudiera ser algo tonta pese a estar siempre en su lugar: una perfecta y ordenada modalidad de tontera. Olvidó a la mujer sumergiendo los escasos rizos, aguantando varios segundos bajo la doble capa de agua y espuma, asomó después resoplando, semejante a un tritón cautivo, llena la memoria de la luz de Guayaquil. Una mosca que revoloteaba en torno a la cristalera atraída por el calor daba mayor sensación ecuatorial aún a finales de invierno limeño. La cultura le jugó una mala pasada en la bañera, se borró la imagen de la ciudad radiante al sol, la sustituyó el puro concepto, avisado acaso por el relajamiento que ponía a funcionar viejas neuronas. Llegó intempestivo el ateniense, su idea de la idea y don Miguel Angel, metido en tema al contemplar la mosca de vuelo estúpido —pegaba una vez tras otra en la cristalera con tesón de mosca— creyó oponerle hoy nuevo argumento. La idea de la ciudad mona, los troncos retozando en el río, en el medio del paseo, la muchacha y la sonrisa que llevaba puesta bajo la luz de las seis de la tarde, el puro mordido, ¿de dónde venía así, tan precisa? Pronto se dio cuenta de su estupidez, de la futilidad de un argumento menor gestado bajo la influencia sosegadora del baño caliente; nada refutaba, nada más ponía en evidencia las múltiples omisiones del sabio. A punto estuvo de asomar la mano fuera de la cálida pecera para apoderarse de la idea mosca, tozuda, casi humana, y, mediante un gesto de inútil crueldad, sentirse rejuvenecer, mostrar una vez más al Santo Centro muerto lo muy niño que era. Suplieron sin embargo a los instintos de muerte los otros, al principio tímidos, recubiertos de un velo de pudor, y le hicieron extrañar a Elena. Trabajó entonces entre nubes de espuma con sus manos desacostumbradas, inexpertas ya para amarse, recreando a fuerza de voluntad las formas de un cuerpo femenino de hacía casi cuarenta años, algo excitado por el contraste entre belleza y muerte. Sintió don Miguel Angel cierta sensación de agobio en la pecera, metida a su vez en un cuarto interior lejos del mar y de las nubes. Su miembro no despertaba; la vieja amistad con el cerebro estaba pues quebrada. Se serenó el viejo mientras se secaba espuma y agua adheridas a la piel y se miraba coqueto en el espejo vertical, convencido ya, consciente de la necesidad de aquella cura. Sentado ante la mesa, sujetando en la mano los naipes fieles, recordó a las mujeres, materia inalcanzable durante un par de años, con tal intensidad que, levantándose, se dirigió al balcón para otear la playa desierta sobrevolada por gaviotas, alguna de ellas hembra.

II

Despacio, sabedoras de su escasa potencia, las farolas de la plaza San Martín se habían ido encendiendo y disputaban ahora una inútil batalla contra la noche de finales de invierno y la garúa. En el *Versailles* casi vacío la iluminación era también escasa, acorde con el deterioro del local: un vago resplandor amarillo, más intenso en la zona de la barra, que impedía distinguir los agujeros de los mantelitos blancos, los borrosos precios de la carta. Miguel se hallaba en la última mesa de la cristalera, pegada al fondo, a un sofá gris donde se mantenía obstinadamente erguido sin apoyar la espalda, incómodo, mirando la fantasmagórica plaza con fijeza de enamorado. De cara a una botellín de cerveza y una ventana con visillos blancos, divisaba mitad su propio rostro, mitad soportales y gotas de lluvia fina. Dos meses llevaba ya en la capital, anónimo paseante del Centro y La Victoria, sobrio visitador de cantinas, consagrado a pensar, sin mujeres, velando armas como un caballero moderno. Escogió aquel país a la muerte de la madre no por la presencia de don Miguel Angel en él, tampoco por azar, se debió más bien a fijaciones infantiles, al nombre, a la distancia sugerida por la frase popular «de aquí a Lima». Poco a poco su entusiasmo había menguado, se le hacía difícil poner en orden sus pensamientos, pasar a la acción; la flojera se le apoderaba. Pero aquello lo tenía previsto antes de meterse de lleno en el mundo del Barrio Chino, donde disfrutaba de la presencia de sombras orientales, de paseos que le llevaban a esquinas llenas de chiquillos fumando pasta, a callejones. Al atardecer, como estaba haciendo ahora, volvía un poco a casa, aquí en el *Versailles* relativamente familiar, veía blancos o casi, añoraba a sus vecinos de barrio, entrañables como plantas, únicos elementos incapaces de despertarle odio, dignos sólo de piedad o de sentimiento estético. Faltaba sin embargo, para completar su proyecto, aventura, y dos meses eran ya tiempo, poco podía tardar en presentarse, quizá aguardaba tan sólo esa primavera empeñada en llegar de golpe.

En el culo del vaso quedaron restos, espuma blancuzca, sobre el mantel unas cuantas monedas, un billete, un cenicero repleto de colillas. Ya en la plaza, bajo los soportales —vio el saludo a cámara lenta del viejo mozo transparentado en la cortinilla de la puerta del *Versailles*—, se resistió al apremio de los limpiabotas, aspiró el aire húmedo y contaminado del Centro, paseó luego su mirada por los numerosos corros de reciente formación. En torno a la pétrea estatua del Libertador se apiñaba un grupo atento a las explicaciones del maestro del atardecer, el serrano de siempre. Eran en su mayoría jóvenes soldados de uniforme, chiquillos, alguna mujer desorientada. Con un largo puntero de escuela, el orador autodidacta señalaba las diferentes partes erógenas de la anatomía femenina, insistía en los senos dibujados científicamente, asexuados, hacía chirriar la punta de madera al roce del cartón pintarrajeado en color carne, mojado, desteñido. Un par de guardias civiles gordos escuchaban absortos las consejas del charlatán que llegaban también a oídos de Miguel: «... y después se sorprenden ustedes cuando sus enamoradas los abandonan...» Un airecillo sin origen, caprichoso, traía mezclado con el olor a anticuchos proveniente de la vieja de la otra punta, el hedor a gasolina del comedor de fuego, frustrado, sin apenas corro. Sumido en aquella penumbra de zoco medieval —brillaban más allá de la plaza neones de bares y negocios— acentuada por el resplandor del *Versailles* a su espalda, lleno de sensaciones arcaicas, la alegría excesiva de la soledad, la alegría de dejar puertos atrás, le enloqueció por un momento. Jamás regresaré a esos países blandos, habitados por ciudadanos. Adiós tierras donde los hombres anhelan racionalidad, justicia administrativa, donde existen tesis sobre las relaciones de pareja, las amistades son gremiales, los hijos castaños, la intensidad tiene su único hábitat en los burdeles que, además, son feos. Sin embargo debía defenderse contra la apatía, la fofa sirena del país, pues un cerebro, aun fuerte, se resentía de tanto rodaje estéril, pedía acción a gritos de angustia, controlables todavía por algún tiempo, escaso ya. Tiró a una papelera el *Comercio,* rió al ver la inutilidad del gesto —cayó el diario al suelo sucio a través de la papelera sin fondo— y volvió a adorar su nueva tierra. Unos gritos le hicieron acudir al extremo de la izquierda, la zona donde la Colmena desahogaba sobre la plaza, gritos acompasados, litúrgicos, salidos de gargantas jóvenes, acordes con los neones y el suelo mojado. Algo decían de sangre derramada, tenían vago parecido con Semana Santa: su irremisible desamparo, el encanto de la inutilidad eterna. Vio llegar a los manifestantes desembocando en pequeña tromba de cincuenta por la avenida —letreros desplegados, estudiantes cholos anacrónicamente vestidos—, se hizo más distinto el grito de sangre derramada, sangre inespecífica, un nombre de «compañero» que nada le decía a Miguel, vio cómo atravesaban la plaza acallando por unos momentos al charlatán, apagando la llama del hombre de fuego, para dispersarse luego ante la mirada hostil y asustada de los dos guardias civiles, de otros cuatro recién aparecidos. Se decidió a circunvalar San Martín, a cortar en dos la larga cola de la 2 amarilla. Por un momento dudó en si huir de la Colmena para evitar la muchedumbre de las 7. p.m, pero decidió seguir girando hasta alcanzar Parque Universitario, paraíso de infrahombres cuya compañía ansiaba tras la patética elegancia del *Versailles.*

De las cantinas brotaban barrigudos con terno, doctores, abogados, comerciantes, funcionarios del Centro, turbas de borrachos alegres que orinaban ayudándose de una mano, comprando cacahuetes con la otra. Esta democracia decimonónica, el comportamiento natural de un mundo vespertino de hombres solos le seguía sorprendiendo, le atraía a las cantinas. Se metió en una de Lampa, abarrotada. Apenas reparó en los vómitos, el serrín del suelo, la catadura de los parroquianos. Arrullado por la música —brotaba de una máquina luminosa empotrada en un rincón—, por la belleza de las botellas, de las mesas verdes despintadas, recordaba uno de sus primeros contactos épicos con el Nuevo Mundo, a Benito Londori que murió abrazado a una rockola, un héroe de cantina de verdad. Tomó asiento junto a la puerta y al verle pedir cerveza en castellano los bebedores dejaron de interesarse por el gringo, siguieron con sus brindis. Ahora una negra llenaba el canchón sucio de pedazos de vals lloroso, de rayaduras de disco de amor favorito de varias generaciones de borrachos. Solo y siniestro en su mesa, vestido con un traje de pana negro que resaltaba el rubio casi blanco del cabello, altísimo a pesar de estar sentado, miraba a su alrededor tratando de estudiar a su especie. Le gustaban los relojes de oro, las barrigas, el sudor cervecero, los pelos tiesos, pero sobre todo la facilidad que tenían para el abrazo y la chanza. Esta es la antigua virtud, jamás la encontraré en el otro lado, sólo rebuscando en mí la puedo hallar difuminada: restos genéticos pasados de siglo. Comenzaba ya a decaer su entusiasmo, el alcohol se había encaminado hacia el sueño, cuando un grupo ruidoso penetró en la cantina. Asistió a la desaparición de infinitas cervezas en las fauces de aquellos hombres ávidos, acosados por el tiempo cabrón —se enteró por lo que hablaban a gritos de que eran periodistas en horas de trabajo, fugados de una redacción cercana—, les vio iniciar una partida de cacho apoyando las coderas de sus ternos raídos en la mesa mojada, se aisló de sus voces. Luego la máquina tocó marinera —ya Miguel reconocía compases—, los golpes de cajón grabados antaño hicieron que un viejo zambo siguiera el ritmo repicando con sus dedos largos sobre el cristal de Cristales alineadas, provocaron inconsciente movimiento de caderas en los que orinaban a ambos lados de la rockola. Se oyó llamar. Le ofrecían cerveza, brindaban por él, le invitaban a su mesa. Uno de los periodistas, el más pequeño, le propuso jugar, le dio largas y confusas explicaciones, moviendo al mismo tiempo sus dos manitas por entre el bosque de botellas vacías. A Miguel le desagradaron los minúsculos dados, parecidos a los del parchís, cuyas caras ostentaban números en lugar de las figuras simbólicas; le parecieron infantiles en el mal sentido de la palabra. Pronto comenzó a tomar en serio aquel deporte de borrachos. Se jugaba fuerte y la fortuna en modo alguno le sonreía. Una tras otra iba tachando posibilidades a cada tirada, reconocía ya los puntitos a primera vista, sin necesidad de contarlos, llegó por último a perder la compostura y agitar el cubilete soplando dentro. Se empeñó en pagar partida a partida de modo que el envite fuera siempre nuevo a pesar de las protestas de los otros, incómodos, avergonzados de verle perder en exceso. Poco le importaban las jugadas ajenas, se concentraba en las suyas —la cantina entera quedaba reducida a una mesa sin tapete —atento a las caras sucesivas de los dados al rodar. Tanto ganar acabó por fatigar a los periodistas. Detuvieron la partida y encargaron nuevas cervezas. He enloquecido a la primera oportunidad, soy perfectamente capaz de enloquecer por cualquier tontería. Se dio cuenta de que en su cerebro no cabían ahora sino dados, combinaciones, nuevas posibilidades de juego en una ciudad sin casinos, sin amigos timberos. Volvió a concentrarse en su deseo, pidió revancha a los ganadores, y rogó casi hasta que cedieron concediéndole un par de partidas más. Encargó otras cervezas para todos y bebió un sorbo mientras agitaba el cubilete, abstrayéndose de las sensaciones. Ni música, ni destellos de la máquina, ni olor agrio le afectaban. En la última tirada tuvo la oportunidad de ir a por generala y comprobó una vez más lo desalmado del azar estúpido. Dudó el dado, pasó fugaz ese 5 que no fue y murió mostrando panza arriba un 2 horrible. Tome otro trago, hombre, le dijeron entonces los periodistas, pero él se sentía borracho y tenso. Sólo ansiaba oscuridad de las calles, libre pista para sus largas piernas entumecidas.

Peor que la oscuridad absoluta era la tenue luminosidad de aquel mundo de la noche del Centro, negrura disipada breves instantes por un rótulo, una farola no fundida o, más irreal aún, por el paso ruidoso de los microbuses abarrotados, llenos de música, de altares a la Virgen, a los santos, desplegados frente al morro. A la silueta de Miguel, negra dentro del traje negro, gastado y pequeño ya, la desmentía su sombra evidenciando la verdad, mostrando un hombre altísimo, muy fuerte, sin duda de origen rico. Al llegar a Abancay dobló a la izquierda para encaminarse al Salón Carlos. Se aposentó en una banqueta sin respaldo, cara a la avenida de venta ambulante convertida en puntitos de luz, en farolitos. ¿Qué les sucede a estos lugares —pensó—, innumerables aquí, impersonales después de dos meses, caduca su sorprendente belleza? ¿Por qué despiertan el instinto metafísico? Pésimo té sorbido despacio, sorbo a sorbo, permitiendo nadar, bucear más bien a las hojitas pardas que algunos interpretan, deducen de ellas hipotéticos itinerarios de pasiones, plagas, muerte a veces. Solo en el Carlos vacío —renacería más tarde con los pollos asados de plena noche— Luna joven se vio acometido por ansias de Chino. Le entró hambre además. Sus punzadas le sugirieron el Chung-Kuo de reservados, olor a especias, biombos feos y polícromos. Me haré una foto. Deseaba verse, contemplarse un rato a placer pues comenzaba a vivirse de recuerdo —carecía de espejos en casa—, a ignorar su aspecto exterior. Hacía semanas que no se duchaba, su aseo quedaba reducido a breves abluciones matinales, pero la lepra tardaría aún en manifestarse en su rostro rubiesco.

Anduvo recorriendo a grandes zancadas el territorio hostil. Le conocían de vista sus pobladores, nadie le ofrecía cambio de dólares ni paraguas para defenderse de esa llovizna agonizante en septiembre. Dejaban transitar en paz al gringo siniestro de anchas espaldas y guedejas rubias a quien tomaban por otro de los locos del Centro, un loco blanco de disimulada insania. Hoy sin embargo Miguel tuvo miedo al acercarse a la esquina con Paruro. Los vio parados frente a un portal, en apariencia inofensivos, fumando y mirando de reojo a un perro flaco, sin amo, un asiduo a los restos del Mercado Central, uno de los perros vegetarianos de Lima. Dos tipos nada más, insignificantes. No aminoró el paso, metió por el contrario las dos manos en los bolsillos del pantalón tornándose más indefenso y se encaminó decidido a su encuentro. Mostrar indiferencia y soltar de golpe la patada, de mula, una sola con la derecha y correr luego. Llegó junto a ellos al portal oscuro, pasó de largo contemplando el balcón de madera carcomida a punto de derrumbarse y les observó de reojo, absortos, fumando concentrados. Se sintió muy feliz, disfrutó de una felicidad intensa y breve, apenas cincuenta metros, cincuenta metros de pensar en él como héroe callejero.

Crujió el somier, acorde con el rastrero arrastrarse de las cucarachitas rubias, plaga allí, varias veces lo hizo, en tonos diferentes según la violencia del gesto, hasta que Miguel se despertó. Algo de luz filtraba la ventana angosta desprovista de cortina, vago resplandor de farola débil, lejana. Vio huir a los bichejos repugnantes y al situarse en el cuarto y en el tiempo tomó clara conciencia de una inmensa nostalgia de mujer a aquellas horas. Lo atribuyó al Chung-Kuo de reservados, donde hacía un rato permaneciera pensativo ante los platos de colores, clavada la mirada en el biombo rojo, con el ánimo invadido de un dejavú artificial, consecuencia de tanta antigua película de aventuras grabada en la retina. La evidente necesidad de otra presencia en un reservado para dos le movía ahora a pensar en mujeres, destapaba el mundo femenino autoproscrito en Lima. Despierto del todo, inmóvil, hizo un cómputo de posibles cotos. La luz pobre, al filtrarse en el cuarto también pobre, exacerbó fantasías, tejió la sombra expresionista de una hermosa y muda compañera de ghetto, aunque no china. Vinieron luego las chicas de la 2, menos remotas, frescas, sonrientes, regalando gratis simpatía, pero no era eso tampoco, lo reprimía por fácil o quizá debido a su incapacidad para llevar a cabo un acercamiento natural. Por último, los periplos por el Centro brindaban al anochecer gritos de microbuseros —¡Trocadero! ¡Trocadero!—, llamadas de amor, nostálgicos cantos de sirena confundiéndose con cláxones, voceo de canillitas, llamadas que intentaban cambiar el rumbo de los hombres, hacerles abandonar la senda del hogar, de la cantina. Tampoco eso seducía a un Luna demasiado aprensivo, europeo en cierta mala educación subyacente, no programado para burdeles. En la cama, bajo la única manera, suficiente para finales de invierno, se estremeció de frío y nervios. Se levantó entonces y echó a andar en pijama —todavía un vestigio de Elena— tratando de refrenar aquellos pensamientos de hombre débil. A casi las dos pasadas fue incapaz de encontrar otro remedio que el juego. Le brillaron los ojos de entusiasmo al recordar la Plaza Unión y a los ajedrecistas ambulantes.

Miguel miraba sorprendido los colectivos, los microbuses mal aparcados cuyos chóferes chupaban libres de clientes. Estaba la plaza animada, los ociosos deambulaban sin prestar atención a las humaredas invisibles en la noche, los lechuceros aguardaban el regreso de los borrachos, los lustradores andaban en plena brega y el vendedor de pollos asados defendía su mercancía contra el posible ataque de algún loco hambriento. Entre el griterío y los escandalosos toques de cláxon atravesó la plaza camino de las mesas, pidió tanda al jefe de ajedreces, que controlaba el negocio desde una antiquísima camioneta americana, y aguardó unos minutos mientras se desocupaba algún tablero, dejándose entusiasmar por el sentimiento de lo absurdo, por aquella maravillosa realidad en el último cuarto de siglo. Cada vez había menos jugadores, el frío húmedo se llevaba a los hombres a casa. Los grupos vomitados por los burdeles en clausura pasaban de largo ante las mesas de ajedrez, se lanzaban contra los carritos de sandwiches y cervezas. Si me vieran aquí los de allá, pensó. Sólo las mujeres, dentro de su entrañable estupidez, serían capaces de intuir el encanto, les resultaría curioso, meritorio en alguna medida; sin embargo ellos, los innúmeros gusanos, tejerían insidia tras insidia, jamás rozarían la verdad, se quedarían con la explicación más mezquina, ellos, incapaces de venir a este lugar mágico sin llorar de miedo.

—¿Ahora yo, no?

Un tipo sonreía enfrente suyo mostrando dientes blancos y una pesada pipa fea, un hombre de su edad, muy fuerte, algo más bajo, rubiesco también, en mala armonía con Unión a las 3 a.m.

Poco después, cuando la diferencia todavía no era excesiva, Luna reconoció su inferioridad.

—No vale la pena seguir. Es suya —dijo.

Se disponía a marcharse, una vez pagado el alquiler del tablero, cuando oyó que el vencedor le invitaba a tomar un café y aceptó. Atravesaron la plaza en dirección a un carro aparcado en la otra punta, un pontiac granate. El tipo de la pipa conducía aventado, despertando chirridos de frenazo, maldiciones, dejando atrás los lugares conocidos. Se hizo audible el mar al cabo de un rato, rodando ya por los malecones. Lo vieron, oscuro y desinteresado, cuando el coche frenó frente a un bar abierto.

III

Bajó las escaleras restregándose los ojos, metido todavía en la resaca del dormir sin sueños, oyó a lo lejos, peldaños arriba, el golpetazo de la puerta de su habitáculo al cerrarse. Saludó a varias personas equivocadas, cholos, chinos —vio como no le devolvían el gesto tímido—, y despotricó contra su tesón, contra la tendencia a ponerse la vida más difícil de lo que en realidad era capaz de soportar. ¿Por qué aquella habitación raskolnicoviana, en todo semejante a la de sus alumnos, carente incluso de un hornillo eléctrico donde prepararse té o café? La siesta le había situado en una zona borrosa; privado de los últimos acontecimientos, le arrojaba ahora a unas calles sin tiempo y sin motivo. Poco a poco, conforme iba recordando, se fijaba en la tarde triste, garuosa. Resultaba imposible adivinar la hora sin recurrir al reloj. Cuando lo hizo se sorprendió de ver que las estaciones pensaban seguir cumpliendo idénticos plazos pese a los signos exteriores engañosos: en la casilluvia, la luz gris se alargaba, permanecía más minutos moribunda alardeando de día dos de octubre. Caminó despacio contemplando balcones, resolviendo de forma mecánica problemas de arquitectura. Este mes no sólo es el final de la garúa, trae consigo la posibilidad de cambio, de un temblor. Adiós balcones entonces, adiós belleza ajada. Me permitiría sin embargo estudiarme a mí y a la gente, comprobar el comportamiento de la especie sometida a la sorpresa y el horror.

Miguel tenía verdadera curiosidad por asistir a un terremoto, por escuchar ruidos de tierra adentro, ver hundirse casas, agrietarse el suelo, alzarse polvaredas, por apreciar la indefensión ajena y propia. Desde su llegada a Lima acechaba los ruidos extaños, se engañaba a veces con el traqueteo de algún microbús nocturno, leía los diarios de la mañana buscando noticias sismográficas. Conversando con Marco, el ajedrecista de la pipa a quien frecuentaba a raíz del encuentro en Unión, se había enterado de cuál era el paraíso de los temblores: Arequipa. Acariciaba ahora el proyecto de un viaje serrano y rápido, posibilitado por su primer sueldo de enseñante, algunos miles ridículos que pensaba administrar con sabiduría. El peor oficio del mundo, se dijo, sepulturero de uno mismo, pasivo espectador del paso de generaciones idénticas, cada vez más jóvenes para el maestro hacia la muerte. «El Luna aprieta mucho en resistencia de materiales», pensó sudando de vergüenza. No es lo mismo, no, decidió aliviado, desempeñar aquí un profesorado de lógica, disciplina absurda y totalmente desconocida para mí, en una especie de primaria universitaria para adultos, que enseñar a perpetrar construcciones allá, en España. Se consoló tocando el sobre del dinero mientras iniciaba la subida hacia Correos Central por Carabaya.

Entró en Correos por la puerta de los apartados postales, aquella cancha de nichos de palabras, atravesó luego un patio descubierto lleno de ventanillas desatendidas, se metió en un breve túnel y desembocó en el inmenso mercado ambulante también descubierto. Durante un rato anduvo de tenderete en tenderete ojeando las postales: bucólicas, de amor, de soldado, de arte. Compró unas cuantas, se apoyó en la pared, pensó en España. Caía ya la noche cuando abandonó el edificio llevando en la mano una sola carta.

Sentado en el Haití, Miguel contemplaba a Francisco Pizarro y su caballo, la catedral al fondo de la Plaza de Armas, a su izquierda el Palacio de Gobierno convertido en la noche en simples rejas, y a varios soldados serranos que montaban guardia bajo los soportales. Rasgó el sobre blanco, bebió un sorbo de jugo mixto y comenzó a leer la carta del padrino. No decía nada nuevo, se despedía bien sin embargo, no como las mujeres taimadas. Vé a ver a tu padre. Ese era el resumen de tres holandesas escritas a máquina. Antes, en Correos, al leer el remite de la carta, Luna se había desilusionado. Aguardaba en realidad palabras de amor de cierta mujer mal conocida y todavía deseada, aunque no se hacía demasiadas ilusiones sobre su capacidad epistolar. Con ellas es siempre igual, de refrán: el que se fue a Sevilla perdió su silla. Seres incapaces de interesarse por una idea a dos no-inmediata como había podido comprobar en las escasísimas cartas recibidas. Desdeñaba el texto, se lanzaba a los finales, las despedidas, analizando por defecto sus sentimientos, y nunca encontraba nada más que el clásico «besos» en el mejor de los casos. Miró a Pizarro de espaldas, cabalgando hacia la catedral, le envidió, tan criado entre puercos, con tanto terreno para trepar, tan lleno de voluntad, en un buen siglo para la pasión, gozando de princesas. Los soldados apuntaban a Miguel con sus fusiles, cumplían de este modo un gesto social al dirigir sin darse cuenta sus armas contra el Haití de ricos. Pidió un sandwich, se lo comió despacio releyendo la carta del padrino Martín y constató la falta de referencia a giros.

Al salir a la calle sintió la humedad. Le parecía estar en el otoño de un Madrid antiguo; la iluminación, el suelo mojado, la temperatura, no hacían pensar en Trópicos y menos aún en postrimerías de invierno. Con las manos en los bolsillos caminó despacio cambiando en cada esquina de calle, haciendo triángulos rectángulos pero bajando siempre en dirección a San Martín. Sólo se detuvo un instante, atraído por el plañido del violín de un ciego sentado en la vereda, cubierto por un sombrero ecológico —para el sol, para la lluvia, para la noche y el día—. Cruzó la calle y llegó hasta la lata colocada a los pies del músico ambulante, se agachó dejando caer unas monedas y despertó la atención de los otros transeúntes despiadados. El último tramo de su trayecto lo llevó a cabo por el Jirón de la Unión repleto de luces, de música salsa y serrana, de mesitas con objetos invendibles. Desembocó en San Martín, cuyas farolas apenas brillaban empapadas de suciedad y garúa, vio a lo lejos la inmensa cola de la 2 frente al cine, se engañó diciéndose: mejor esperar, tomaré un refresco.

Le divertía el nombre de aquel brebaje dulce y verde. Sorbió haciendo esfuerzos otro poco de Inca Cola, echó una ojeada a su alrededor intentando no llamar la atención. En el barucho de Quilca, vecino a San Martín, era la hora de la primera borrachera. Un grupo jugaba al cacho en una mesa del rincón, algún tipo suelto comía con la mirada clavada en el plato y una tropa de jóvenes mal vestidos se había apoderado de la rockola y bailoteaba ante la puerta provocando a los transeúntes. A oídos de Miguel llegaban retazos de su conversación, poemas, opiniones contestatarias y borrachas. Si fueran un poco más jóvenes podrían ser alumnos míos, pensó, pero rectificó su juicio: no, a los míos se les ve más políticos, más serios, un poco más pobres incluso.

Al salir a la calle vio la misma animación de antes, encontró exacta la cola de la 2, de idéntica extensión y gentes nuevas. Se colocó en el lado de los sentados, aguardó paciente un cuarto de hora —dos veces el cobrador le frenó, dio paso a los de a pie—, por fin le dejaron entrar y ocupó un sitio junto a la ventanilla derecha. Muy despacio recorrieron Wilson, parando a cada momento ante semáforos o grupos de peatones enloquecidos, luego la 2 se metió en la Arequipa. Miguel pegaba el morro al cristal, estudiaba luces breves de mansiones entrevistas, avenidas arboladas. Se apeó en la Diagonal y holló el barrio prohibido. Marco le aguardaba sentado en la terraza de afuera del Haití de empapadas mesas y sillas. En pocas horas he hecho un de Haití a Haití, se dijo Luna. Observó a su amigo que sujetaba una bonita pipa curva entre los dientes, metidas ambas manos en los bolsillos del pantalón gris de su terno de lanilla, un cuadro truncado por la camisa italiana de feas rayas y la corbata mal conjuntada. El español se colocó a su lado, cara al espectáculo del paseo vespertino, dispuesto a ojear aquel mundo olvidado de mujeres rubias o simplemente arregladas. Bebieron cerveza chica —no se autorizaba allí la alta cerveza compadrera— sin brindar, en dos vasos, guardando un silencio prolongado que rompió Marco.

—En serio, caballero, totalmente en serio —dijo, al terminar de exponer su propuesta.

Colectivero, uf, pensaba Luna. Un sueño sucio pero trabajo físico a fin de cuentas, grato, que no requiere gastar cerebro. Sin grandes dificultades además, fácil trayecto, pura Arequipa, y la ventaja de poder disfrutar del pontiac para uso particular.

—Lo pensaré —contestó.

Sin embargo recordaba la clase del día siguiente, por preparar todavía, el librucho-bibliografía, su habitación del Chino, la mala luz. Se dijo: ¡Profesor de lógica! ¡Vaya renacentista del carajo!

Dejaron reposar el tema, siguieron atentos a la noche, mudos, pidieron otro par de cervezas. Entre camareros vestidos de blanco, mesas de limpio mantel, gentes blancas, permanecía la tristeza otoñal. ¿Llegará de verdad la luz, el clima convertido en antídoto contra la nostalgia? Quizá me equivoqué viniendo a este país sin posibilidades de riqueza, gris, tedioso, de comida picante, de cerveza. Se entretuvo contemplando el parque de enfrente —apenas matorrales oscuros en la noche— escuchando las conversaciones de las mesas vecinas, mirando de reojo hombres e incluso perros bien diferentes a los de su barrio. Sólo la humedad empecinada delataba Lima. De tanto en tanto llegaban al Haití grupos de adolescentes gritones, algún viejo con traje pasado de moda, de aspecto senatorial y sobrado. A las nueve Marco propuso entrar, defenderse de la garúa en el salón luminoso.

—Me he citado para comer con una amiga, Cecilia. Quédate con nosotros —le propuso.

Un mozo de pies planos les colocó en una mesa de junto a la ventana desde donde podrían ver la llegada de la muchacha. Miguel había rechazado la invitación a cenar pero aguardaba a Cecilia para ser presentado. Miraba ahora con avidez a cualquier mujer nueva, se repartía tratando de vigilar las dos puertas y el pedazo de vereda de frente a la ventana. Cuando su amigo se la señaló y la vio avanzar entre mesas, erguida y seria, elegante, morena, no pudo evitar sentir envidia. El paticorto Marco, se dijo, vaya suerte, dos mujeres cumpliendo diferentes misiones para su honra y deleite. Le dio la mano, se levantó y le buscó una silla, dijo su nombre. Luego permaneció callado, patoso, olvidado del trato femenino. Oyó como Marco la ponía al corriente de sus planes.

—¡No lo puedo creer! —exclamó Cecilia—. ¿De veras se van a meter a colectiveros?

Entonces Luna se sintió ocurrente.

—De momento estoy metido a lógico dialéctico, pero tal vez me convenga el cambio. Siempre es bueno pasar a menos, el cambio descendente, el verdadero desclasamiento —dijo.

Aguardó contento la risa de Cecilia, que no se produjo. Por el contrario, Marco le daba patadas por debajo de la mesa y ella se concentraba en los helados parroquianos de afuera sin despegar los labios. Primero tímido, malhumorado después, el español permaneció clavado en su silla, muy rígido, casi media hora, mientras apreciaba el buen hacer social de su amigo, enfrascado en apasionada charla política. Se disponía ya a marcharse, había cobrado fuerzas para levantarse y decir adiós, cuando Cecilia le ofreció una oportunidad de enmendarse.

—¿Qué tal por la universidad?

—Muy mal pagada —dijo Luna—. El nivel es muy bajo además. —Sabía que no le habían preguntado eso. No quería sin embargo hablar de evidencias, radiar la pobreza, la ira justa de sus alumnos provincianos o chinos o cholos. Siguió, pues, sin crear molicie, poniéndose las cosas bien difíciles—: A este nivel contribuyo yo en la medida de mis fuerzas. Mis conocimientos de lógica son equiparables a los de ellos.

—¿Mejor que se dedique al colectivo, no es cierto? —aconsejó Cecilia sonriendo.

Consiguió salir al fin Miguel del Haití odioso y anduvo un rato desorientado por la Diagonal, caminando en dirección contraria, hacia el mar, maldiciéndose a sí mismo y a los otros. Se serenó de a poco gracias al aire que subía canalizado desde el malecón a golpearle la cara, se tocó el pelo empapado de garúa y preguntó a un chiquillo por el paradero de la 2, por la forma de regresar al Centro. Luego atravesó la Diagonal pasando frente a la bolera, cuyas luces, que sugerían niñas, le hicieron sentirse peor, más ridículo. Demasiado Chino, se dijo, demasiado descenso a los infiernos, demasiada tontería. Con lentitud salvaje la 2 le fue apartando de la normalidad, arrastrándole implacable hacia los territorios de Abancay y compañía donde sólo hay grisura, cerveza vomitada y pollos. Encima, le proporcionó una muchacha en el asiento de al lado, coqueta y de falda corta, que se apeó sin que Luna pudiera verle la cara, le dejó convencido de su belleza, arrepentido de no haberle hablado.

Al llegar a San Martín eran ya las diez, pero Miguel no tenía hambre, tampoco ganas de emborracharse. Estuvo un rato parado en el medio de la plaza desierta, pisando el reflejo de las farolas en el suelo mojado y por fin echó a andar hacia Don Felipe, muy despacio, empeñado en retrasar la llegada a su habitación, donde la clase de mañana, sin preparar todavía, le aguardaba.

IV

Despertó abriendo los ojos de golpe, brincó fuera del catre y se acercó a la ventana por donde entraba ya a esas horas de la mañana un chorro de luz lechosa. La primavera se desplegaba cada amanecer desde hacía unos días por la capital luchando contra la neblina, llegaba hasta los últimos rincones del Chino y los purificaba en parte gracias a un olor, nuevo ahora, mezcla de desierto, mar, flores nacidas mucho más al norte. Miguel, a pesar de su voluntad entrenada para reprimir impulsos naturales, sentía cierta debilidad física, un desasosiego que le afectaba el pensamiento y el sueño. Malhumorado miró el reloj, cinco inhóspitas incluso allí, donde existía un pésimo hábito de madrugar. Mientras realizaba sus cincuenta flexiones tratando de mantenerse por encima de las circunstancias, le dominó una ira repentina y, al sacar la cabeza del chorro pobre del baño, lo irracional reinaba ya sistematizado, con la apariencia de firme decisión, de evidencia. Había decidido renunciar al empleo de enseñante, a la satisfacción de la vanidad, al orden. Antes de tomar café, haciendo tiempo despacio, repasó las dos largas listas de sus cursos y, desdeñando el exotismo, la plétora de nombres chinos, japoneses, serranos y selváticos, se aplicó a contar una por una a las muchachas y a recordar sus rostros. De nada me hubieran servido, se dijo, pues nada hice por merecerlas, o sí, pero no lo valoraron: mantenerme, ser fiel a lo bello, a lo difícil, no crear jamás molicie.

A diez para las ocho Miguel salió de casa camino de la universidad, último día. Penetró en el antiguo recinto, valoró esta vez el deterioro logrado de forma espontánea, una putrefacción casi comparable a la del Chino, y se deleitó contemplando los muros pintarrajeados, los cristales rotos. Al llegar a la puerta de su seminario la empujó sin llamar, sonrió al joven jefe y, rápido, aprovechando los restos de empuje, dimitió. Luego se vio obligado a sentarse, a escuchar los consejos de aquel breve jefe por quien sólo podía sentir agradecimiento. ¿Acaso no le había proporcionado trabajo en tiempos difíciles, sin conocerle, confiando nada más en la carta de presentación de un colega, lejano exchino de Madrid? Le oía hacer referencia a los compañeros alumnos, contentos con el nuevo profesor, interesados de súbito por las matemáticas, a la dificultad de hallar nuevas chambas en medio de la crisis, a los motivos personales del dimisionario. ¿Por qué?, preguntó. «Me falta conocimiento de la materia, hermano, soy arquitecto, no licenciado en exactas.» Se concentró en los pósters de detrás de la mesa, sonrió Luna al ver la terquedad del otro. La Banda de los Cuatro, cuyos componentes manifestaban en la mirada de sus ojos orientales la misma obcecación valiente del jefe de departamento, iluminado, a contracorriente, de precario mandato dados los últimos vientos, presidía aquella habitación de universidad ultra. «No es argumento eso, Miguel, tú sabes, y además está la bibliografía que te di y que has trabajado, no mientas.» Recordó aquel enorme paquete repleto de tesoros: textos de la Patricio Lumumba, traducciones del chino, revistas de teóricos nacionales, mal editadas, pagadas con plata de la secta, apuntes fotocopiados cuya única tesis era el principio de contradicción —sutil procedimiento para introducir en dialéctica—: A no es No-A. Iba a hablar, a decirle la verdad, confesar que no entendía, no lograba aprehender, se daba por vencido, cuando oyeron un griterío proveniente del claustro. Se manifestaban, expulsaban a alguien, algo había sucedido quizá en el Asia lejana. Aprovechó entonces la salida del jefe, se consideró dimitido y se fue sin haber entrado en lógica, después de convertir en nómadas a los griegos, después de no haber tocado ni siquiera de pasada al padre Hegel, llevándose para siempre el recuerdo de las muchachas vestidas con blusas de florecitas.

En Parque Universitario, Miguel ocupó un taburete bajo el cobertizo marrón, pidió un diario de la mañana y le echó una ojeada mientras el chico lustraba sus mocasines negros. Asunto terminado, pensó mirando distraído las efemérides del día —batallas romanas, santos asesinados, nacimientos y defunciones de próceres—, lástima no haber aprovechado la ocasión para recomendarles el castellano del XVI como modelo ético. Desde la tarima debí exponer mis teorías sobre el Renacimiento, aunque el alumnado era mal caldo de cultivo para mis interpretaciones, cierto es. Poseído de la felicidad insuperable del terminar con algo, le pagó al limpiabotas el triple, sin discutir, dejándose engañar, autodiferenciándose orgulloso de los gringos inseguros, recelosos y avaros.

Le sobraba siempre mucho tiempo, aquella mañana le sobraba más aún, lo fue dejando transcurrir apacible, al sol de la mañana espléndida, dejándose llevar por el azar, recorriendo una vez y otra a apresuradas zancadas el malecón de barrio asediado, en inicio de decadencia —ambulantes, desperdicios, voces quechuas, gorritos—, bello pese a todo, pensó Luna. Simuló leer Pekín Informa frente al mar, sentado en un banco encarado al Pacífico y a una barandilla de madera tosca. A sus espaldas se alzaba el monumento al aviador despeñado, precario héroe nacional de un país escaso en gestas militares, paraíso de otro tipo de heroicidad sin embargo: la pendencia, el gesto gratuito que ennoblece. ¿Por qué seré yo tan distinto? ¿Por qué se me hace tan difícil comportarme? ¿Por qué me asaltan dudas, sentido del ridículo, esa falsa superioridad de clase aprendida sin duda de un «buen» colegio, de una madre alta en estupidez? Se va a sorprender, se va a quedar de piedra, no se espera el sí. Poniéndose en pie a cinco para la cita la emprendió por Larco, acera derecha en dirección al Centro, despoblada al principio, fresca casi. Luego irrumpieron las tiendas, los bares, las sandwicherías animadas en tiempo de desayuno de ricos, las señoras, las mesitas de la Pastelería Sueca donde tomó asiento. Marco no había llegado. Le vio aparecer, mucho después, tranquilo, balanceándose con su clásico andar de paticorto, sonriendo de lejos al tipo sentado en una mesa ante el Pekín Informa. Pidió coñac francés, sonriendo se empeñó en hacer beber a Miguel todavía en ayunas, enfurruñado; le dijo: «Me retrasé, lo confieso, pero traigo un par de habanos. He entrado un instante en la lar de fumadores de aquí al lado.»

Permanecieron de charla en la terraza mientras las gentes que les rodeaban se iban convirtiendo gracias al calorcillo del coñac francés en puro paisaje. El cristal recalentado de las copas se sumaba al calor creciente de la mañana miraflorina. Cuando por fin Luna se decidió a tocar el tema y dar el sí, Marco no manifestó la menor sorpresa. Entonces el español sonrió recordando cómo horas enteras de oscuridad habían aconsejado no abandonar el empleo seguro, la posibilidad de tramitar residencia y, sólo al alba, antes del canturreo estúpido de los pájaros urbanos, antes incluso de la aparición de micros, colectivos, pobres sumamente madrugadores, decidió ceder a un deseo postrero.

Aclararon bien los asuntos comerciales sin dejar cabos sueltos. A disposición de la S.A. Marco ponía el viejo pontiac granate del 62 y se encargaba del mantenimiento, mientras que Miguel estaba obligado a pagar la gasolina. En cuanto a trabajo, igualdad absoluta: irían ambos juntos y conducirían o cobrarían alternativamente. El trayecto sería completo: San Martín-Grifo de Armendáriz. Con la tercera copa Marco se lanzó a una detallada explicación de los modestos beneficios económicos de la empresa, libre sin embargo —en cualquier momento se podían parar y mandar el colectivo al carajo—, que gozaba de una tremenda ventaja con respecto al dimitido trabajo lunar: «No hay que ver universitarios, hermano.» Por último, cargado ya de coñac, le pidió un pequeño favor, una nadería muy importante para él. Tenía una novia fija con quien casarse pronto y deseaba mantenerla en la mentira, pues ella le creía representante de un grupo editorial —«no sabe lo que pagan por esas cosas, tiene todavía fe en la letra impresa»—. Rogaba que, en el hipotético caso de una aparición de la novia o amigas de la misma en el colectivo, convirtieran de inmediato su trabajo en broma de ricos.

También pude haber tonteado relacionando insensatez con voluntad de poder, pero lo mejor sin duda de cara a ellos hubiera sido exaltar a Garcilaso, héroe poeta muerto de auténtico mal de piedra en el sentido noble y guerrero del término. A mi lado Marco balbucea y ríe presa del alcohol, permitido en los demás mas no en mí, pues me degrada en un tipo de degradación que no quiero. Pensó Miguel largo rato, oyendo lejanas y desprovistas de sentido las frases ingeniosas de su amigo, consagrado a la copa y la contemplación del Rimac, susurrante hoy, muy poco caudaloso, en las innumerablse traiciones de los nervios. Repasaba una vida plena de culpabilidades, de autorreproches, y no había ni un solo mes, ni una sola temporada vital —geográfica, amorosa— donde algún suceso desagradable, violento de violencia tonta no hubiera llegado a amargar el día siguiente. El alcohol fue siempre detonante, agua de fuego con poderes para euforizar, volver sincero-maleducado, desencadenar actos o actitudes tomados como definitivos en el instante de producirse, como fatales al otro día. Miraba Polvos Azules repleta de ambulantes, cuyos tenderetes ostentaban lamparitas apagadas, un constante hormigueo de gentes dedicadas a no comprar nada. Llegaban hasta la ventana del bar encarado al río los colores chillones de ponchos y gorros. Marco estaba en la fase de euforia —poco iba a durar, breve sería la felicidad pues mezclaba—, algo pesado ya, empeñado en que Luna tomara un chilcano, bebiera también para no marcar distancias. Se había zampado un guiso extraño, repleto de guindilla, y sudaba, manchaba la mesa y la camisa con el reguero que, partiendo del pelo, surcaba la frente, cuello y brazos, para ir a morir sobre la madera sucia.

—¿Qué te pareció la colorada?

Luna no contestó, se encogió de hombros. Habían llegado hasta el Centro haciendo el colectivo por una Arequipa rica en clientes, en gentes apiñadas en las esquinas y ante los paraderos de la 2 y 54 irrefrenables, manejando Marco y cobrando, dando el vuelto, dejándose apretujar por la excesiva carga del pontiac granate su amigo. No era desde luego un gran negocio, pero sí suficiente para sobrevivir, llenarse los bolsillos de monedas y billetes sucios, sentir la plata. Le había desagradado la niña pelirroja a quien Marco hacía referencia. ¿Para qué mentir? Una damita imperceptible y pecosa apeada en San Isidro. Escuchaba las frases de Marco, sus reconvenciones: «Te gustan las chinas, hermano. No hay duda. ¿Por qué vives en esa mugre? ¿La colorada era bien limpecita, no?»

Viéndole tan borracho, Luna se atrevió a hablar de trascendencia, de la diferencia infinita entre una degradación de alcohol y una chinesca, de la estética como ética.

—Yo también soy algo poeta, hermano. Pero la edad no perdona. Al que se duerme o se sobra le ridiculiza —dijo Marco cortando su discurso metafísico.

Luego continuó monologando prolijo entre chilcano y chilcano mientras Luna miraba el río mudo e invisible en la noche, no se arredró siquiera cuando le vio levantarse para poner música. Por el contrario, absorto, confesional, llegaba ahora al paroxismo, recitaba a los demás borrachos, a Polvos Azules —su voz potente se colaba a través del cristal roto de un ventanal—, poemas mal traducidos. Citó a la Belleza abrazada en un alba de estío y Miguel cogió al toro por los cuernos, gritó casi para hacerse oír del poseso:

—Belleza existe. ¿Quieres verla?

Dejaron mal aparcado el pontiac en el Jirón Paruro, donde su antigua belleza contrastó con la astrosa del barrio y, fumando los habanos, caminaron a la luz del atardecer. Marco resoplaba; el exceso de vitalidad se le iba a chorros de humo, carcajadas, viento. Luna a su lado ofrecía siniestro aspecto de monje guerrero. Miraba con curiosidad el paticorto a los pobladores de aquellas zonas umbrías, pestilentes, los farolillos chinos de las esquinas. Le venían a la memoria recuerdos de estudiante, noches de baile de fin de curso, de celebraciones de cachimbo, en las cuales había acudido al barrio en buena compañía numerosa y juvenil, feliz con la enamorada de turno más abrazada que nunca en aquel terreno hostil, pero no entendía la ocurrencia del español, su habitar perenne en pos de trascendencia. Se dejó conducir por Luna al Lion-Yau y accedió a probar los azucaradísimos pastelillos, reconoció finalmente, ya en la calle, la lindura de la empleadita. Ahora verás Belleza, decía Miguel arrastrándole por el dédalo oriental, ahorita vas a verla. Dieron sin embargo otra vuelta, pues se le había despertado a Marco el antojo de tomar licor del lagarto —recitaba ahora muy borracho, con voz atiplada, infantil, un poema de Machado— y se lo pidieron al portero del Hotel Kuong Ton, un viejo desdentado, viejo fumador de opio. Observó Luna abstrayendo, pensando en la especie hombre, cómo flotaban los restos del reptil, un poso gris, dentro de la botella sucia a cuyo morro se amarraba su amigo.

En Andahuaylas, ante el edificio Don Felipe, dieron por terminado el recorrido. Era la hora del crepúsculo y el color rosa del cielo se ennegrecía víctima de la noche y los humos.

—¿Aquí vives? —preguntó Marco.

Miguel afirmó haciendo un gesto despectivo. Ignoró la mirada de conmiseración que su amigo dirigía al edificio, metió ambas manos en los bolsillos del pantalón y dio un silbido corto. Puede que no haya llegado todavía, se dijo.

—¡Belleza! ¡Belleza! —gritó.

Aquella llamada despertó ecos —cláxones lejanos, ladridos de perro— en un Chino que se preparaba ya para la noche, cambiaba a los transeúntes como lo hace un río con las aguas, prendía más luces, se hamponizaba más si cabe. Apareció Belleza. Le vieron surgir restregándose los ojos, atravesar el solar de enfrente donde convivía con cascotes, desperdicios, ratas, y caminar lentamente hacia ellos. Iba desnudo, cubierto sólo por el hábito que la mugre le había tatuado a lo largo del tiempo, por el cabello largo y la barba rala, descalzos los pies curtidos de sobras para suelo urbano.

—¡Ven acá, Belleza!

¡Toma poesía, borracho! Poesía querías, pues aquí la tienes, mucha más de la que puedas digerir. Ustedes son tan devotos de los libros, mírala hecha carne sucia. Como en una película siguió Luna el caminar del loco, lo sintió por fin —el aliento fétido estaba allí, atacando su nariz, era real pues— detenido a su lado, aguardando. Del bolsillo de la americana sacó una bolsita de patatas que tenía por costumbre darle cada tarde, se la ofreció sonriendo pero Belleza no quiso aceptarla, su mirada no se apartaba de la brasa del habano, intermitente farol en la primera noche. Quiere el habano, comentó Marco riendo, Belleza fuma. Nada más ofrecer el cigarro —el loco lo tomó al vuelo, lo agarró con la mano, lo apretó entre los dientes luego— se arrepintió Miguel del gesto, de su falta de firmeza, de su sensiblería. Los dos amigos, parados ante la puerta del edificio Don Felipe, contemplaron a Belleza, hermosa imagen desnuda cuyos huevos inmensos colgaban como el largo cabello, como los cuatro pelos de la barba, como la ceniza que se desprendía del cigarro prendido a su boca.

—Era para ti —dijo Marco borracho de nuevo—. Lo compré para ti en Larco, no era para ése. Le podías haber dado la plata y guardarte el regalo. Era un regalo, viejo.

Llegaba definitiva la parte humana de la borrachera, el abrazo, la tristeza cobarde, la agresividad estúpida. Marco se había ofendido, quería exponer sus quejas, seguir chupando en otras cantinas y, cuando Luna consiguió desasirse casi a la fuerza y encerrarse en su guarida, le oyó dar tremendas patadas al portal, putear a los vecinos, al barrio, a la miseria.

V

A veces, Marco, mientras paseaba su mole entre parques primaverales, cámara en ristre, a la busca de alguna foto insólita con la que contentar su instinto de artista mal dotado para todas las llamadas Artes, se veía atacado por la risa, su risa estruendosa y desbordada, al imaginar al español, tan digno y solemne —a un pasito siempre de la locura, de un desbordamiento parecido a su risa—, en el pontiac granate intentando hablar como peruano, eseando tesonero, dando vuelto, deteniéndose en las esquinas, manoseando billetes sucísimos cuyos colores debían serle ya familiares. A él la vida de colectivero no se le daba, chocaba con su espíritu poco inclinado al miserabilismo. Además, como miraflorino y enamorado, aquella actividad le tenía sumido en un permanente estado de alerta, pues se le hacía difícil buscar explicaciones convincentes para el supuesto de que algún conocido o, peor aún, la Niña, subieran al coche y le encontraran dedicado al colectivismo. Sin embargo no podía permitirse ahora veleidades excesivas dada su edad, de modo que la necesidad de plata le obligaba a dedicarse al taxi de noche, le había convertido en un lechucero. Este cambio de orientación acarreó el fin de la S.A. —Marco ahora alquilaba el carro a Miguel y lo trabajaba él por las noches— pero en lugar de enemistar a los socios, a lo largo de las cotidianas relaciones comerciales —el pago era diario— se habían hecho amigos. El patrón del pontiac admiraba la constante contradicción del otro, a caballo siempre entre lo grotesco y cierta épica basada en un sobrehumano tesón. ¿Cómo podía aquel extranjero terco pasarse el día manejando, hacer un sinfín de veces la Arequipa, del Centro a Barranco y viceversa? ¿Cómo podía aguantar en el Chino inmundo, sin beber, sin hembras, usando sólo de la cabeza rubia? Se hacía cruces al pensarlo, admiraba su comportamiento, echaba a faltar nada más una dosis de sentido del humor en Miguel para entregarse por completo a una amistad heroica. Ya aprenderá, se decía, es hijo de un país aburrido, rígido.

Marco vivía en casa de sus padres, tolerantes y ricos, pasados los treinta y sorprendido cada día de no sentir la llegada de esa línea de sombra a la que hacía referencia su admirado Conrad. Profesionalmente no era nada, ni abogado —le faltaba todavía la tesis para recibirse—, ni fotógrafo —las fotos resultaban malas y si algún valor tenían, era éste mérito de la cámara excelente y no del autor— ni hombre de negocios a pesar de engañar a la familia haciendo vagas alusiones a una dedicación a los tales. Aunque no lo supiera y viviera torturado por una mala conciencia y una angustia constantes, le venía corto el país, necesitaba escenarios nuevos donde triunfar, donde contentar sus ambiciones de moderno, le sobraba inteligencia que se desviaba hacia la imperiosa necesidad cotidiana de hacer el imbécil, de emborracharse, hacia una vitalidad derrochada compulsivamente. A falta de algo mejor, aplicaba la mayor parte de sus energías a la actividad de enamorado. Cada mañana, eran las 2 p.m la mañana de Marco, antes de levantarse, pensaba en la Niña entusiasmándose por momentos, despacio, conforme le abandonaba el sueño de sus mal dormidas cinco horas de lechucero. Oía entonces el timbre del teléfono, a eso de la media, y, como un hombre, aguardaba, controlando el espasmo intestinal que provocaba el enervamiento de amor, la entrada de la empleada paterna y su posterior aviso: Señor, la señorita.

Luego, una vez limpio y oloroso —usaba Marco colonias francesas—, enfundado en su toalla-batín apodada «egipcíaca», desayunaba copiosamente en un salón luminoso y alegre, echando una ojeada a los diarios mientras simulaba escuchar a la madre. A partir de ese momento venía lo malo, el llenar el día en malos tiempos, sin chicos con quien jugar. Todos los amigos habían crecido, madurado, casado, le habían dejado solo para dedicarse a serviles tareas de adulto. Se iba, pues, a las calles, lejos, rabioso y desconcertado, tratando sin embargo de ocultar su ocio por el Centro, en zonas anónimas, entre gentes ociosas. Conocía elegantes cafés caídos en desgracia, pintores, poetas, toda la variada gama de borrachos con coartada —músicos también—, hasta la saciedad todos los lugares de diversión menos sucios de Lima. En la noche, pasada la hora de la cena, recibía el pontiac de manos de un Luna siniestro, agotado, español por completo a aquellas horas, conversaban un rato —intentando Marco disimular cierta embriaguez que de poco le había servido— y luego se iba a San Isidro. El cambio de escenario lo notaba pronto, nada más salir del Zanjón; se le metía a borbotones en los sentidos la noche rica, americana. Y allí, en ese escenario de lujosos carros aparcados, de setos, escaparates tenuemente iluminados, rumor a música de rock, calma, transcurrían los cotidianos momentos del amor. Tomaban la Niña y él un par de sandwiches sentados en el coche, besándose entre mordisco y mordisco por encima de la bandeja donde bailoteaban las dos botellas de Coca Cola, sin prestar el menor interés a las parejas que en los otros carros aparcados hacían lo mismo. Marco tenía también su glosa para decirse por qué no conocía a la Niña, pese al acaloramiento casi desagradable de cada sesión, pese a la impaciencia de ella harta de retozar en el carro como una quinceañera. Si la conocía, adiós amor, sucumbiría de golpe ahogado en semen. No la necesitaba además para aquellos menesteres, habitando en la misma ciudad que su amante Cecilia.

Se lo contaba ahora a Luna de forma detallada, especificando lo buena que era y miraba de reojo al colectivero, trataba de descubrir algún temblor de calentura en la sombra lunar reflejada en el cristal morisco. Se habían citado hoy en la Casa de España, un hermoso caserón descolgado entre Arequipa y Arenales —veían a estas horas los faros de los coches trazando una laboriosa hilera de hombres regresando a casa— donde acudía de tanto en tanto algún español, alguna monja. Mientras hablaba de primaverales hazañas eróticas, sádico y pormenorizado, Marco pensaba en qué podía pensar su pobre amigo. Espero que no se vaya, aguantará espero, se decía. Iba a ser duro quedarse en el país si se iba el otro vencido por la realidad, harto de no encontrar, de comprobar la vieja conseja sedentaria de «ya te avisé de que no sirve de nada la huida». Le miró frente a él, frente a un sucedáneo de boquerones intactos —se negaba Miguel a abandonarse a la añoranza—, inmóvil y con la espalda erguida después de doce horas de pontiac, clavados los ojos en un tendero compatriota. Recordó anteriores conversaciones y siguió su mirada, contempló el rostro anodino, blanco sin embargo, del descendiente de conquistadores, un indiano asqueroso que nada tenía que ver con aventureros hidalgos. Se concentró en los sentidos, estuvo atento a la noche y al rumor de claxons, saboreó despacio la proximidad de la cita. Entre cerveza y cerveza —no podía disfrutar de la Niña si no estaba un poco mareado— bromeó, quiso transmitir alegría. Por fin, recogió el pago del carro, se levantó y dijo adiós. Sólo entonces pareció despertar Luna de su letargo.

—Adiós, maricón, que vas con mujeres —dijo despidiéndole.

La ventanilla abierta dejaba penetrar un vientecillo tibio, excitante; la radio del coche tocaba una cumbia, y Marco seguía el ritmo golpeando en el volante con la mano derecha, meneando la cabeza mal. «Voy a ver a mi niña, voy a ver», componía sobre la marcha a ritmo de cumbia, alegre y achispado, camino del Zanjón, recordando todavía la silueta de Luna rígido en la silla, serísimo. Disfrutaba conduciendo despacio del único momento del día bien programado, ese rato en el que tendría algo claro que hacer, no habría angustia, conversaría con la enamorada como suelen hacer los hombres, y resoplaba de satisfacción dando brutales caladas al cigarrillo, una chispa roja brillando en el interior del pontiac granate.

El pontiac salió como una flecha de Reducto, con las luces apagadas, y se cuadró frente al parque. Las ventanillas abiertas de par en par no podían domeñar al aliento de Marco, de intenso hedor a alcohol y jugos agrios. Dio un portazo, tambaleándose caminó sobre la hierba en dirección al estanque y al puente de madera, arrastrando a pura voluntad su corpachón encervezado. Un brisa templada le despeinaba vaciándole los rizos sobre la frente. Se mojó la cara en el agua estancada, sucia de tierra y papeles, de cigarrillos; sintió decrecer el mareo y entonces se tumbó panza arriba, contemplando el cielo urbano sin estrellas. Pronto se encontró mejor, le entraron ganas de seguir chupando pero el cerebro le pasaba ya la información, le advertía de su pobreza total. Un imbécil soy, pensó, me costó un chorro de plata la salidita, excesivo pago para sudor y algunos besos. Sonrió bonachón recordando a la Niña, la imaginó durmiendo en casa de sus padres, limpia y atendida, repasó los contados acontecimientos de la noche, se extrañó de estar tan borracho. Hoy no hay lechucismo, no sería capaz de manejar mucho más sin chocarme, se dijo.

Llegó haciendo eses a la casona de Barranco, se subió a la vereda y dejó el pontiac abierto frente a la puerta. Estuvo tocando el claxon con insistencia de borracho, parado fuera, metiendo la mano por la ventanilla. Cuando se convenció por fin de la inutilidad de aquellos pitidos histéricos, se acercó al timbre y llamó mientras miraba el reloj y se decía que a las cuatro de la mañana Cecilia debía encontrarse forzosamente en casa.

Le abrieron las niñas mirándole sin verle, sonámbulas.

—Mamá está durmiendo —dijeron.

Entró sin embargo, se metió en la salita de junto a la puerta, se sirvió un pisco y puso música antes de derrumbarse sobre el sofá naranja. Poco después Cecilia hizo su aparición, vestida con una larga camisa blanca de hombre. En silencio fue a acurrucarse entre los brazos de Marco y dejó que la rociara con bocanadas de aliento incendiario, que sus manazas le acariciaran los muslos calientes y el pelo negro.

—¿Qué haces aquí a estas horas? —le preguntó—. Anda, vamos a la cama.

—Hoy no. Hoy la vengo a buscar para ir de reconocimiento. Vamos a visitar a mi amigo español. Una excursión a un barrio residencial y lindo.

Cecilia se acercó a la ventana, la abrió para permitir la entrada de la noche y del aire puro, contempló un instante la avenida desierta, luego salió a ver si las niñas dormían ya. Cuando regresó al saloncito, Marco roncaba. Le despertó tirándole del pelo, riñéndole en broma: «Borracho malcriado, ¿no le da vergüenza hacerle esto a una dama?» La radio acallaba sus palabras con boleros, música indescifrable de madrugada, les iluminaba con un ligero resplandor verde y dorado.

—Yo no voy a ninguna parte contigo ahora. Mejor será que tomes una ducha y te laves los dientes. ¿Oíste?

Marco trató de aparentar sobriedad, de demostrar que sólo estaba un poco alegre. No le apetecía ducharse, ni siquiera irse a la cama, quería, por el contrario, continuar la fiesta, olvidar un poco el barrio de la Niña, gozar del Chino a altas horas, constatar la existencia del Don Felipe y, sobre todo, amistar a Luna y Cecilia. Insistió, pues, le dio garantías.

—Maneja tú si quieres, pero vístete, anda, apúrate.

Recorrieron el Zanjón por el carril de en medio, escuchando a través de la radio del pontiac la misma música que en la casona. La avenida de cemento, totalmente desierta a aquellas horas, cobraba apariencia de pista interplanetaria. Sólo algún perro muerto, un charco de sangre y pelos, devolvía a la Tierra. Salieron de allí por un acceso al Centro y atravesaron varias calles dormidas hasta llegar a Abancay, donde aparcaron.

—Iremos caminando. Es más fácil para ubicarse de noche —dijo Marco.

Algún perro de indio salía a hacerles compañía, ladraba a los blancos, les enseñaba los dientes sarrosos desde lejos. Los tacos altos de ella dificultaban la marcha por el basural. Se agarraba al brazo de Marco, asustada de hallarse a las cinco en ese mundo, en aquel laberinto donde los mismos farolillos chinos se habían apagado. Llegaron abrazados a casa de Miguel.

—¡Belleza! ¡Belleza! —llamó Marco dando la espalda al portal, mirando al descampado.

Su grito sonó estridente y la muchacha le apretó el brazo pidiendo silencio: «¿Estás loco? No vocees. Se van a despertar todos.» Belleza no se presentó. Le aguardaron en vano unos minutos largos.

—Mira bien, convéncete —explicó entonces Marco—. Aquí yace mi amigo Miguel, el español a quien maltrataste la otra noche. Busca la trascendencia popular —se echó a reír, prendió un cigarrillo y preguntó—: ¿Crees que la encuentre?

De vuelta a Barranco, por la Arequipa esta vez, aguardando el amanecer, haciendo tiempo para ir a comer un ceviche, Marco la notó impresionada. Le dio varios besos difíciles, imponiéndose a sus manotadas. Aceptará. Le sobran un montón de habitaciones. Esa casa es un estadio. Cuando Miguel se levante agarrará el carro en la misma puerta y me lo devolverá a las nueve. Podré cobrar a diario, y si un día no hago la noche no me pasará como hoy, que me quede sin un centavo, sin plata para el desayuno. Miró por la ventanilla un Miraflores desorientado, sin luces ya, sin gentes todavía. Luego se durmió.

VI

La timidez le atacó aprovechando su situación de desconcierto, de soledad en aquel cuarto de inmensos techos, de alto ventanal enorme por donde se colaba desde el amanecer la luz, el chillido de la vecina cacatúa enloquecida, primaveral, de constante sorpresa ante la inusitada presencia femenina en el caserón. Acurrucado entre las sábanas escuchaba Miguel algún ruido del que deducir probable vida, una pista para osar asomar la nariz en el pasillo y acercarse al baño quizá libre, el ruido de la puerta de la calle al otro extremo cerrándose, diciendo algo. Por primera vez desde su huida le volvía a dominar un desasosiego malsano y adolescente, una inseguridad de héroe, romántico tal vez mas no renacentista, imperiosa necesidad de tranquilizarse fuera como fuera. Miró las ramas del árbol del patio —cualquier árbol, jamás prestó más que risa al conocimiento plantal, floral, mariconil— asomando austeras en la punta superior de la ventana, las miró fijo hasta olvidar el presente mezquino. Saltó de súbito, en elenil pijama, corrió al pasillo y se detuvo ante la puerta del baño, entreabierta, libre, libre. Se bañó lento, indiferente incluso a las llamadas de las niñas ansiosas de pipí, asquerosas y a deshora, redescubriendo arcanos placeres, afeitándose también cuidadoso, peinándose contento de hallarse tan bien en el espejo. Así, observando de reojo, inconscientemente erótico, polveras, aguas francesas, maquinillas de afeitar cuya función intuía, decidió hacer fiesta aquella mañana, relajarse como cualquier mortal echado allí, intrascendente. Una vez seco salió con su pijama puesto, mojado el pelo rubio, seguro ya en cierta medida, recorrió la casona según lógica —cocina, comedor, salón, patios— constatando su soledad, pero al retornar a la habitación de altos techos supo de su error.

—Buenos días, señor.

Había también una chola desconocida, lustrosa, sonriente, que le hablaba desde la puerta de un cuartucho del torreón hendido por el seísmo del 70. Hasta mucho después, ya en la noche, no supo de su nombre, Lucha, de su origen vecinal, de su misión: ayudar en un día de ajetreo festivo.

—La señora salió y no regresará para el almuerzo. Las niñas acaban de irse con su papá y regresarán mañana. ¿Le sirvo el desayuno?

Al principio —mantelito a cuadros con variadas manchas de niña, alguna quemadura materna, ventana sobre un jardincillo descuidado y la calle por fin, donde de tanto en tanto algún autobús verde oscuro pasaba bamboleándose— reconoció la comodidad apreciándola, pero pronto se vio oprimido por el aire de la casona inmensa, le desagradó un vientecillo de música serrana que llegaba amortiguado desde el torreón y se vistió decidido a hacer el colectivo. Mientras abría la puerta del pontiac granate subido entero a la vereda —caía el sol a pico sobre la capota ardiente—, Miguel se reprochó aquella falta de recursos que le impulsaba a luchar contra el tiempo trabajando, olvidando lo fundamental a través de la estúpida droga de los pobres.

Como un enorme autómata hizo y deshizo incontadas veces el trayecto, deteniéndose en teléfonos, siempre estropeados, para llamar a Marco y asegurarse de su presencia en la fiesta de bienvenida, olvidándose de comer y hasta de tomar café. Poco antes del anochecer consiguió comunicar y le pareció entender a través de ruidosas interferencias algo que hacía referencia a una nutrida e interesante asistencia femenina.

—Vendrán las ménades porteñas, hermano.

Tradujo el mensaje a términos racionales a lo largo del último colectiveo, camino de retorno a Barranco y se olió a sí mismo, sudoroso a su entender; sonrió contento, bien dispuesto cara al otro sexo, decidido a volverse a bañar.

Una nota de Cecilia le aguardaba en la casona: «Salí a comer fuera. Regresaré tarde, cuando el tono esté animado. Detesto los comienzos. Cuídate de que los invitados traigan trago. Besos.» Le dejaban la carga a él, organizar su propia fiesta, a él que nada sabía de esas cosas, absoluto desconocedor además de costumbres locales. Acudió obligado por la necesiad al cuartucho del torreón, golpeó suavemente la puerta y mendigó ayuda. La chola le tranquilizó —«Pronto vendrá Angélica, señor, la empleada de la señora Cecilia. Ella sabe, señor»—, le habló por vez primera de aquella máquina de cerveza, de la chopera a punto de llegar, le mandó al salón de junto a la puerta a leer la prensa. De este modo transcurrieron las primeras horas de la noche barranquina, cargadas de olor a flores, de ráfagas de una brisa espesa dirigida a los sentidos, de ruidos de carro interrumpiendo el silencio. A las nueve llamaron a la puerta y Miguel pudo ver como Lucha dirigía la maniobra, indicaba a los empleados dónde debían colocar la máquina cervecera —quedó instalada en un rincón de la sala de baile, bajo flores rojizas que pendían de macetas suspendidas, bajo enredaderas semejantes a serpientes limpias nacidas de las vigas de madera del altísimo techo azul pálido—, la vio acercársele para informar de la ausencia de comida, nombrarle un bar cercano.

Salía ya, cuando se tropezó al primer contingente, la vanguardia de la fiesta, una pareja de vecinos encargados de la sonorización. Le saludaron apresurados, simpáticos sin embargo, y penetraron luego en la casa cargados de discos, hilos, altavoces. Miró cómo alcanzaban el salón de baile tras recorrer los patios descubiertos, y cerró la puerta lanzándose a la noche, oscurísima en ese trozo sin apenas farolas. No le resultó difícil hallar el Tejadita, bar esquinero donde se apiñaban multitud de carros, donde se concentraban chorros de luz anaranjada, y taxistas y parejas devoraban bocadillos, bebían jugos de frutas tropicales. A la intemperie cenó cerdo grasoso, bebió guanábana triturada, chirimoya, se vio obligado a escuchar la música que propagaba la cantina de enfrente, rítmicas canciones repletas de viento, caribeñas. Esto es un anticipo, pensó, la noche entera me atacarán con esto, igual de pasmarotes que los de allá, seguidores de modas, tercos, amantes de lo popular en su vertiente negativa. No conseguirían sin embargo hacerle bailar, someter su cuerpo al ridículo. Poco a poco le ganaban ideas, acudían en tropel, como un rebaño de estúpidos corderos, preceptos, la gama completa de elementos antialegría, la rigidez, la suficiencia, la seriedad miseriosa de allende el mar. Había decidido su desinterés; sólo estúpidos acudirían a una reunión de este tipo, estúpidos geográfica y profesionalmente idénticos, nada podía depararle el azar. Bebió entre bocados de chancho encebollado una Coca Cola helada, parado en la esquina, y observó una por una las muchachas de la cola del cine vecino, preguntándose si en su fiesta las habría tan lindas.

A las once pasadas, cuando Miguel, después de haber recorrido durante dos o tres horas los malecones disfrutando de la contemplación del mar haciendo olas, la Panamericana polvorienta y horrible, se decidió a volver, halló desparramados por la casona a más de medio centenar de invitados. Sonaba la música altísima —tal como lo había temido—, se apretaban los hombres en torno a la chopera y ellas, lánguidas y medio sobrias todavía, sintonizaban merced a blusas y vestidos con el abigarrado mundo vegetal del salón de baile y de los patios descubiertos. En la estancia de junto a la entrada —la que hacía las veces de biblioteca, despacho y recepción— se aposentaba lo más serio, lo no-danzante. Pronto se refugió Miguel allí y hubo presentaciones vaso de ron en mano. Luego, atacado de nuevo por la timidez, se sentó en el sofá naranja junto a un hombre gordo de guayabera, gran amigo de Cecilia según dijo, embajador de profesión, cuyo nombre era Eugenio Navarro. Mientras, muy tieso en el sofá, conversando de naderías, presenciaba la continua llegada de invitados, Miguel se preguntaba cuál sería en realidad el grado de amistad entre aquel embajador todavía atractivo y la generosa Cecilia de amplias miras. Se burlaba por anticipado del vitalísimo Marco cabrón y afortunado. El timbre de la puerta no cesaba de sonar dando paso a oleadas de invitados que preguntaban por la anfitriona y, al informarse de su ausencia, se abalanzaban sin mayor ceremonia sobre las botellas de ron, pues ya la chopera yacía abandonada en su rincón vegetal, rodeada de un collar de vasos de plástico usados. Pensaba rápido y mal el español, un poco tocado por el ron, en todo aquello, en formas de comportamiento opuestas a las que había conocido, en si sería positiva o no tamaña alegría desenfrenada. Su rostro había cobrado la expresión desagradable del hombre cuya presencia incomoda y, sólo él, convertido en un perfecto aguafiestas rubio, pretendía mantenerse analítico. Todos le habían dejado de lado, hasta el embajador. Las mujeres, que en un principio le encontraran hermoso, desertaban dirigiéndose hacia la pista de baile en compañía de tipos más pequeños, descontrolados y feos. Se sintió muy mal, desplazado, caliente y exigente a la vez, de modo que no halló otra solución sino beber. Cuando el saloncito comenzó a abarrotarse de parejas, el sofá a ser codiciado por gentes cansadas de bailar, se levantó, echó una ojeada a través de los ventanales abiertos a la calle vacía, acogedora, y partió, bordeando la pista, hacia uno de los patios descubiertos. Le serenó el silencio, la contemplación de una luna cuya fase ignoraba abriéndose o cerrándose. Una profunda nostalgia de gentes diferentes le invadía, un anhelo de Parque Universitario, de Chino. Se creyó solo en el rincón privilegiado, recorrió el patio en tinieblas y se sentó en la otra punta, sobre unos cajones de cerveza. Al mirar al frente, a la pared exterior de su cuarto correspondiente al lado de la cama deshecha, vio a una muchacha que le sonreía. Amansado por su belleza y el escenario, le sonrió también, fue a buscarle bebida y bebió acompañándola mientras se esforzaba por entablar una conversación espontánea. Notó que no podía, no disponía de sí mismo, la boca se le escapaba, se crispaba hacia abajo. No lograba adquirir un poco de molicie, una brizna siquiera, llamaba sin éxito en su ayuda a los genios sociales, veía como decaía la conversación, como la muchacha empezaba ya a ahogar bostezos, y el comprobar su propia estupidez le volvía todavía más tenso. Le dejó por fin abandonado en el apacible patio, en la madrugada aciaga, absorto, desolado, hasta que la voz de la recién llegada Cecilia, llamando desde la puerta, le apartó del torreón, le llevó después a la fiesta en pleno apogeo. Hicieron una aparición triunfal y se convirtieron de inmediato en espectáculo cuando el español se negó a bailar. Parado en el centro de la pista, la oía revolotear a su alrededor, se dejaba tirar de la mano flácida. Altísimo, serio y obstinado, miraba al techo sin mover los pies ni un centímetro. Sintió al cabo de un rato que levantaban el cerco. Irrumpía Marco en la casona estrellando la puerta de la calle y acallando la música a su paso con su peculiar carcajada. Libre al fin de Cecilia, pudo verles fundirse en un abrazo teatral, jugoso —sudaban a raudales si bien era el sudor de Cecilia más dulce, más empapado en alcohol y cosméticos— que les precipitó riendo al suelo sucio de junto a la chopera. Son unos auténticos infrahombres, unas bestias de enormes esqueletos y nula capacidad para la razón, se dijo. Les dejó allí tirados, revolcándose, y marchó a su habitación decidido a encerrarse. Pero estaba visto que aquella noche nada se ajustaba a normas. Encontró en su cama, en el estrecho catre monacal, una pareja desnuda. ¿Te quitamos el cuarto, viejo?, preguntó el hombre al tiempo que le alcanzaba una botella de pisco. Es sólo un momento, ándale. Salió desesperado, decidido a marcharse de allí, a tomar el pontiac y largarse muy lejos por la carretera del norte, pero en la puerta le abordó Eugenio Navarro y se lo llevó al saloncito. No le escuchaba, como en un sueño le oía hablar de sus guardaespaldas, dos gigantones apoyados en la pared. Vio también a Marco y a Cecilia que se sentaban en el sofá naranja y procedían a abrazarse. Poco tiempo me queda para llevar con dignidad mi falta de mujer, no ya el misterio en torno a mí, que murió esta noche. Se puso a pensar en su incompatibilidad con la mayoría de las personalidades del joven Luna, las culpables de lo de hoy. Nunca debí permitirme tanto tiempo de abstinencia conociendo sus efectos. Si bien había actuado según código —desairando a la tonta hermosa, por ejemplo—, la carga que sobre él pesaba le hacía sentirse profundamente mal, le llenaba de reproches y le desasosegaba.

Marco había terminado de abrazarse por el momento y discutía de armas cortas con los hieráticos guardaespaldas, ajeno a lo que Cecilia se decía con el embajador. Le envidió. Feliz y capaz de indiferencia auténtica —poseedor como era de al menos dos mujeres, dos—, disfrutando en aquella noche primaveral de amor y amistad y ron. La envidia le volvió europeo de repente, le impulsó a molestar al embajador interrumpiendo su conversación hasta que Cecilia regresó a Marco. Le impregnaban las humaredas del enorme habano diplomático, nubarrones de humo gris botado con rabia, los ojos de Navarro le observaban compadecidos, ausentes, manifestando que para nada se interesaba en aquellos sutiles conceptos tan inoportunamente expuestos.

—Es usted un intelectual —concluyó, conciliador, para quitárselo de encima.

Fue el primer conflicto de la noche. Desganados y corteses entraron en acción los guardaespaldas, se vieron obligados a intervenir para reducir a Luna, que pretendía «romper la cara» a su jefe. Cecilia y Marco, abrazados en el sofá naranja, reían a carcajadas entusiasmados con la violenta payasada.

Era un rincón adecuado, para Miguel tal como estaba, el de la chopera, con su alfombra blanquinegra de vasos de plástico, el reguero casi cantinero del suelo, las moscas noctámbulas. Las dejaba posar sobre su frente magna. Bebía ron como si de medicina se tratara y, poco a poco, una nube rosa le velaba el recuerdo del saloncito, borraba el rostro de Eugenio Navarro de gangosa voz amojitada, las ofensas. Vio que se descontrolaba y, en un último esfuerzo por salvar las apariencias, el cerebro le señaló que había llegado el momento de dejar obrar al instinto. Miguel se metió entonces entre las parejas nuevas o recreadas y abordó a una mujer grácil y algo vetusta con quien entabló fácil charla. Poco después bailaba, giraba torpe tratando de dar la cara a la ménade de movilidad prodigiosa, la abandonaba breves segundos en busca de más ron, retornaba, sonreía. Maruja también sonreía, consagraba su cuerpo cuarentón y ávido a la danza, al alto intelectual rubio que Fortuna arrojaba en sus brazos pecosos. Se había descalzado —abstemia, porteña y bien dotada para el amor, gozaba de una suerte de desnudez anticipada— y de esta guisa brincó por el salón de baile hasta que un cristal se le clavó en el pie.

—Me herí —dijo.

Vio el español la sangre recorriendo la planta del pie, trazando un surco de sangre por entre la negrura de la mugre chupada al suelo de la pista y sintió vértigo, se le despertó la aprensión. De inmediato ofreció ayuda. Obligó a la muchacha a apoyarse en su hombro y así salieron del corro, dejaron atrás el runrún de música de viento del Caribe y se adentraron por el pasillo en dirección al inmenso baño destartalado. «No es nada», repetía Maruja estremeciéndose a cada beso que él le daba en el cuello, definitivamente borracho. La ayudó a sentarse en el borde de la bañera, remangó un par de palmos su desteñido pantalón y, abriendo el agua fría y la caliente hasta conseguir un único chorro tibio, la conminó a mantener el pie en remojo, lavándose, mientras él venía con el alcohol y las vendas. Estaba entonces en su mejor momento, del todo desinhibido, a punto de satisfacer sus deseos, pero tropezó a Cecilia, la astuta Cecilia burlona. Aceptó el trago que ella le ofrecía, pretendió besarla y, cuando se le escapó riendo, se sintió muy triste. Entonces un chispazo de cordura le aconsejó: vete a la cama. El repentino recuerdo de Maruja abandonada le movió a desoír el consejo.

A la escasa luz blanca de la luna —no funcionaba la eléctrica— comprobó lo despoblado del lugar donde la desnuda bañera quizá conservara rastros de sangre todavía. Durante un rato la buscó por patios y jardines, atravesó varias veces el salón de baile pateando vasos y colillas. Había mucha menos gente; la selección natural se había operado y a aquellas horas quedaban sólo los más enamorados, los más locos, más borrachos, o quienes prolongaban los últimos momentos de libertad antes de regresar a un hogar poco apreciado. A estos últimos pertenecía Navarro. Miguel lo encontró junto a Maruja en el saloncito-biblioteca, desengañado ya de levantar algo pero esforzándose por olvidar la cara dormida, alelada, de la esposa paciente y acechante y el final inevitable de su viril alegría.

—Hola, lindo —saludó Maruja.

Se dejó besar, le aseguró que el pie estaba perfectamente curado, disimuló, gracias a su larga experiencia, el despecho de mujer basureada y se fue dejándole a solas con el embajador. Miguel recordaba la existencia de una discusión anterior pero el ron la minimizaba, de modo que se puso a hablarle, clavada la mirada en los ventanales a través de los cuales el cielo cambiaba de color. Cuando vio a Navarro dormido a su lado, la idea fija de alcanzar la habitación, donde el lecho sereno le aguardaba, volvió a poseerle. Recorrió entonces las abandonadas dependencias sucias, arrastrando en esta ocasión sus pies al cerebro rendido, y al llegar a su cuarto lo encontró todavía ocupado. Fumaba, tumbado sobre la cama, vestido ya, el mismo tipo que antes le invitara a pisco.

—¿Dónde está el cuarto de la chola, hermano? —preguntó al oír entrar a Miguel.

Más perseverante, voluntarioso, intentaba poner en práctica otra vez la idea madre, su peculiar motor inmóvil y Luna reunió todas sus fuerzas para admirarle. Aceptó el trago que le ofrecía, le escuchó mirando su rostro demacrado, ojeroso, de grandes ojos de obseso, a la luz lechosa del amanecer. La angustia, una profunda sensación de encierro, le hicieron estremecer al oír las palabras del intruso pronunciadas desde el lecho en voz muy baja: me queda menos de un año de vida, pata. Enfermo yo que soy un enamorado de la vida, un poeta. El fantasma de la muerte haciendo su aparición en un alba de primavera, el frío nervioso del amanecer, despejaron por un momento a Luna. Le condujo a través del basural en el que la casa se había convertido hasta el torreón hendido, contempló impertérrito, rígido, su insistencia; le escuchó aporrear la puerta, suplicar amor en español y quechua.

—Lo mismo te da que muera —dijo por fin el poeta. Sacó una petaca del bolsillo del saco y ofreció de beber a Miguel—. Me llamo Quintana. Búscame en el Centro. Paro en las cantinas de junto a San Martín. Vamos, ésta ya no abre.

Solo en su cuarto, tumbado en la cama, el mareo y las ansias de vómito invadieron al español que veía girar las paredes. Recorrió deprisa los largos pasillos, abrió la puerta y se encerró en el baño arrodillándose frente a la taza del pozo pestilente. Le pareció que transcurrían horas, reconoció incluso el graznido de la cacatúa ya despierta, pero el malestar no se iba. El reflejo del sol en las paredes del patio se colaba por la ventana sin postigos, le cegaba. La náusea renacía una y otra vez. En un par de ocasiones oyó llamar a la puerta y apretó los dientes manteniéndose en absoluta inmovilidad para pasar inadvertido. A la tercera llamada Cecilia se dio a conocer.

—Abre, Miguel —ordenó.

Como pudo, trastabilleando, Luna se levantó y descorrió el pestillo. Preguntó intentando aparentar naturalidad, el pelo mojado pegado a la frente, agrio el aliento:

—¿Se han ido todos?

—Sólo queda Navarro esperando el milagro. ¿Qué tal materialista, no? —se burló Cecilia—. ¿Cómo te encuentras?

Un nuevo ataque de náuseas le impidió mentir. La sentía a sus espaldas mientras permanecía de rodillas, humillado, sostenida la frente por una mano de ella. Ya no se resistió, se abandonó a su socorro. Luego, en el pasillo, de lento regreso al dormitorio, empapado en sudor frío, jurándose no volver a beber en la vida, la oyó contar como hacía un cuarto de hora se había visto obligada a acostar a Marco, a dejarlo caer sobre la acogedora cama de matrimonio.

—Me he convertido en la hermana de caridad particular de ustedes dos, los hombres de la casa —le dijo Cecilia sonriendo—. ¡Vaya par de flojos!

VII ·

Cuarenta y dos vueltas he dado y por fin se tiñe el balcón de blanco lechoso —todavía no hay ruidos—, las sábanas se han convertido en un fuelle caprichoso, y sudo. Sudo a raudales pese al aire acondicionado cuyo goce pago carísimo. Don Miguel Angel se levantó, desgreñado, abiertos de par en par los alocados ojazos negros a aquellas horas, oteó desde el balcón el mundo sin vida, el mar inerme. Cada noche es para mí ahora una Noche de Reyes, un tormento sin recompensa, vivirme como un espíritu sin haber recibido preparación para ello: no sé estar desencarnado. En el baño se entretuvo aposta, en la bañera donde se sumergió aguantando el máximo de calor y de tiempo, hundiendo en espuma la misma cabezota tan aficionada a las malas pasadas, pero pudo oír, pues se produjo al acabar de secarse los oídos con la toalla rosa, el frenazo de un coche abajo, frente al mar. Poco después —sólo le había dado tiempo de pasarse el batín a cuadros sobre el cuerpo desnudo, dejando suelto el miembro incompetente, danzarín sin embargo— oyó llamar a la puerta.

—Chico, qué portero más dispuesto —dijo Eugenio Navarro—. Treinta libras me ha costado. Se esmeraba, no me permitía el paso el muy huevón.

—Siéntate donde puedas —le invitó Luna dándole la espalda y dirigiéndose al balcón abierto. Salió fuera con leve rumor de pies descalzos, de ondear del batín a cuadros, apoyó los brazos en la barandilla y miró el coche abandonado en el malecón—.

Veo que has dejado los chicos oyendo la radio. ¿Por qué no les dices que suban y jugamos una manita de póquer?

El embajador ocupó la cama deshecha, indolente sacó por entre los faldones de la guayabera una petaca que la abultada barriga disimulaba asimilando, bebió un trago largo sin ofrecer al recluso. Mejor ignorarle, no demostrar que me importa, me ha visto siempre hecho un hombre, no voy a mendigar... aunque está borracho, se lo noto. Me daría. Sonrió el viejo Luna exhibiendo su pirañesca sonrisa de cínico, ahogando su deseo en voluntad férrea. El otro balbucía —no podía disimular ya el ron almacenado— desde la cama, con la cabeza apoyada en la pared y los pies bailando sin tocar el suelo, más pequeño de lo que en realidad era.

—¿Sabes, chico? Me estoy acordando todo el rato de un huevón, uno que fusilaron, un héroe, un bocazas íntegro, hasta el final bocazas. Que me iba a acordar de él, me dijo. Fíjate. Hace tiempo, años, bueno, allá —hizo un gesto abriendo los brazos fuertes y velludos mimando la geografía, dando sensación de distancia— ... Pues, no te lo creerás, hoy me acuerdo, recuerdo perfectamente su cara de huevo. Fíjate, nunca me había acordado y le veo la cara, chico, de repente.

—Le has hecho renacer, Navarro —don Miguel Angel se peinaba en el espejo de la pared que le reflejaba de cuerpo entero—. Inmortalizas a Cara de Huevo. A mí también me sucede a veces. Alguno me amenazó, no tantos como a ti, ya sabes que eras idealista. Pobres —dijo apiadado casi de verdad—. Se trata de un proceso sencillo, de la creación de una especie de vida de la fama para imbéciles. Dame un trago de eso, anda.

Vio la sonrisa desagradable, fea, en el rostro cetrino del diplomático y mintió rápido.

—Cojudo. ¿Te crees que me he venido a encerrar aquí para beber luego tu asqueroso brebaje? —dijo rechazando la petaca—. Salgo pasado mañana.

Y no beberé, añadió para sí. ¿Para qué? ¿Para convertirme en un memo semejante a Navarro, en caldo de visiones? Le asaltan remordimientos que no son sino un mecanismo para engrandecerse inconscientemente. Miró la cama alertado por el ruido —ronquido abrupto de gran animal borracho— donde el embajador se había dormido boquiabierto; luego se despojó del batín y empezó a vestir un celeste pijama limpio. Ya la luz estaba entera, iluminaba la amplia habitación hospitalaria llenándola de brillos —de espejo, de cristales— y don Miguel Angel permanecía impasible en el sillón pensando con los mismos símbolos de siempre. Siento cierta curiosidad por saber dónde ha ganado su sopor Navarro, cuáles habrán sido los probables itinerarios donde aplacó su sed inagotable. Parece un bebé bobalicón y sano, está feísimo, pero duerme, duerme el muy cabrón.

—¿De dónde sales? —preguntó zarandeándole.

Una vez despejado —había arrastrado su corpachón hasta el baño y sumergido la cabeza en los grifos del lavabo—, Navarro volvió a ocupar la cama, mojó la pared al apoyar el pelo empapado, cruzó las manos sobre la barriga y contestó por fin:

—Conocí a tu hijo. Le conocí en casa de una damita muy concurrida, Cecilia Dávila. No se te parece, chico. Es altísimo, rubio... muy antipático.

—¿Qué escucho? ¿Resentimiento? ¿Te robó la hembra, embajador?

Bromearon libres del hijo en las primeras horas del día, rejuvenecidos por el tema, el amor zumbón que hechiza y, para mejor reír, silencia el crujir de las articulaciones, los huecos en la boca. Así permanecieron conversando hasta la mañana oficial, cuando los ruidos rituales le indicaron a Luna la inminencia del desayuno. Descolgó entonces el teléfono blanco y encargó comida para su amigo. Más tarde, instalado ante un inmenso plato de verduras variadas y sosas, sin sal, sin especias, un sucedáneo de forraje para uso humano —el invitado, sentado frente a él, devoraba huevos con jamón—, recordó una mañana vieja. Estaba él en estado similar al de Navarro ahora, cincuentón nada más, metido en una ciudad cuyos trabajadores despertaban con el alba, semejantes a los libres pájaros en eso. Cerró el cerebro para no sentir los golpes, feroces, despiadados, que le habían propinado madrugadores proletarios sin sentido del humor, por instinto izquierdistas. «Los honrados productores que laboran para que yo pueda vivir de noche.» Feos, legañosos, le pegaron hasta saciarse. La caída —rebotaron sus fauces contra los adoquines— le anuló el sentido del gusto y desde entonces aplicaba a rajatabla la saludable norma vegetariana que, junto a la abstemia, iba a ofrecerle como contrapartida el consumo de mujeres y coca. Sólo dos placeres: los propios de mi edad y condición divina. Siempre consideré además con desprecio ese tema, sólo saciarme me interesaba, el cambio cuantitativo, manido culto al vitalismo en el fondo. Ya el joven Freudbach, el médico que atiende mi síndrome, inspirándose en la psicología, ha diagnosticado carencia de hedonismo. ¿A qué llamará hedonismo el pobre García? De todas formas, la verdad, no es agradable pastar frente a una dama, en la noche, a la luz de bujías, sobrio además. Mal futuro me aguarda pasado el malecón.

—¿Cómo es, Navarro?

Se tomó tiempo para contestar, prendió un cigarro enorme y sopló varias volutas simétricas constatando la humedad del tabaco, huevones que ya no saben. Dijo luego diplomático don Eugenio:

—Un pensador, chico. No sabe estar.

Elena le preparó sin duda para eso, todo el día entregada al concepto, flagelándose con mental cilicio, malinterpretando libros y conciertos. El alevín heredó su vicio.

—Pensar vuelve viejo. No hay cosa mejor que un hombre inteligente de gran inteligencia virgen —dijo Luna—. Es mi caso. Desde los veintitrés o veinticuatro años no he vuelto a pensar. Por lo que dices tú y escribe Martín, a mi hijo se le ha profesionalizado el cerebro.

Permanecieron en absoluto silencio —sor Rosa entró medrosa a llevarse las bandejas y se violentó con la inmovilidad de ambos, sólo el puro subía y bajaba cadencioso— entregados a la visión del mar azul. La habitación cobraba en la mañana luminosa ritmo de buque, parsimonia, olor a comida y sábanas limpias, lasitud de las largas travesías. Abajo había vida ya y, debajo de la tierra cortada a pico, los autobuses amarillos llevaban parados, jóvenes escolares, muchachas mestizas, a las playas. Los heladeros en carritos-bicicleta estaban en camino, pedaleando lento, tocando su bocina de reclamo por barrios residenciales, callejuelas húmedas de rocío, en dirección al poblado que, al mediodía, se creaba frente a las olas. Y para mí, sólo sores y García. Se irá éste a dormirla a un cuarto oscuro, aburrido del sol, del baño, del verano. Feliz gordo Navarro que cree todavía a su manera en el hombre genérico y sin embargo no se asusta de mi pasado pardo ni de su propio gansteril presente. Es materialista el gordo. ¡Qué tal cantidad de materia! Le vio ponerse en pie, ceñida la guayabera, besando la panza con pasión, fumar a sacudidas de humo gris, quedar parado sobre los dos zapatones de rejilla.

—¿Volverás con más tiempo, Eugenio? Mañana, ¿eh? Recuerda que al otro salgo. Y sube a los chicos para que juguemos, hombre.

Hoy me iría al hipódromo, con esta tarde de sol que hará, a Monterrico, a los tétricos secarrales mal elegidos como barrio residencial, a vibrar viendo correr corceles. Sólo así olvidaría mujeres, alcohol, engañaría al hambre que tengo de conocer a mi homónimo sin Angel. Se me hace mucho más difícil aguantar sabiendo la fecha de salida tan próxima. Descolgó Luna el teléfono y llamó veces repetidas largas comunicaciones para reiniciar negocios, enterarse del estado de sus asuntos, desde la habitación donde los mismos naipes encerrados en su cajetilla azul y blanca daban sensación de encierro. Este es el auténtico Tártaro tropical mitigado por la corriente del golfo, generosa, que permite la vida de focas y galápagos, la eternidad consagrada al para-mí, viejo tema aburrido. Desde luego no estoy fuera y, como en el poema, ese sol que no es nuevo cada día, sólo les alumbra a ellos, ignorantes de mí. De niño, cuando le decía al profesor de estudios «he estado ausente» en el momento de hacer entrega del documento materno-doctoral que me acreditaba, yo le confería a la ausencia un carácter activo, presuponía que se había sentido. Así le debe pasar ahora mi hijo. En alguna medida vive, por defecto, allá. Sucede lo de siempre, una inversión de papeles, pues él, joven, mejor haría gozando del instante, libre como es, en lugar de seguir el método consistente en rememorar, hacer del recuerlo lo real, calibrar el presente en función de una ausencia allende el mar, mientras que yo, prisionero por voluntad, privado de acción, no puedo delegar. Mi no-vida cotidiana es la única, sin prolongaciones místicas, sin posibilidades de construir a través de la fantasía aventuras astrales, de encarnarme gracias al amor ajeno. Soy el verdadero ausente. Salió al balcón y miró, pero la vista no ofrecía más que unos pocos metros de cemento, una barandilla y el mar por fin, pesado, inmenso, cortado a pico en el horizonte, no podía mostrarle las playas de abajo donde los bañistas le hubieran procurado distracción. Fumó despacio —la brisa volvía a despeinarle— mientras cerraba un ojo para disparar a las nubes en paso relajado.

—Sister, mándeme a García... —Hubo un silencio al otro lado y don Miguel Angel cambió de tono—. Sor Rosa, por favor, dígale al doctor que me encuentro muy mal, que venga.

No la dejó terminar de explicarse. Colgó y se encaminó hacia el baño, única fuente de sosiego, febriles los ojos, convertido ya al mediodía en un perfecto loco. Había olvidado el domingo, pequeñoburgués, familiar, feriado. Hasta García estaba fuera, con chica quizá, quizá chupando cerveza a la espera de engullir el dominical ceviche y con García iba la única voz de la residencia, la posibilidad de burlarse, de despertar sentimientos ajenos, de oír palabras distintas a las que su propio cerebro solía utilizar combinando. Se rió —rebotaba la risa en la cristalera blanca de la bañera—, una carcajada cada vez más profunda que fue aumentando hasta convertirse en rugido. Mi catarsis. Con unos «uf, uf» entrecortados, Luna dio fin al acceso, se enjuagó los ojos repletos de lágrimas de risa y, basado sólo en él, sonrió mostrando la dentadura a los cristales opacos. Es lo mismo que poner el cerebro en blanco —esa arraigada costumbre de colegio religioso— pero al revés, ponerlo tan lleno, tan lleno y desordenado que aplaca, otorga una suerte de felicidad de materia inorgánica. Me quedaré horas aquí, no saldré antes de estornudar, cuando el agua bien fría me expectore. Y mañana... Mañana nada todavía, pero al otro tomaré el coche y me iré todo el día al sol, por el desierto, manejando muy deprisa, para que el aire me azote y me morenee, yo, solo y libre. Regresaré al anochecer, a primera hora de la noche, me iré a Larco, por la parte del parque, me instalaré en una de las mesas rojiverdes del Espigón y tomaré una enorme Cristal helada, una a secas. Una repentina vibración —repiquetearon los cristales del balcón abierto— sacudió la soleada residencia y sus ecos, gritítos de enfermas asustadas, ruido de puertas al abrirse y cerrarse, impulsaron a don Miguel Angel a pedir explicaciones. «Nada, es un camión, señor», le tranquilizó un camillero blanco que pasó sin detenerse ante la puerta de la tres y la marina azul. Se encerró de nuevo y trató de regresar al Espigón ya anochecido, a la brisa, al cosquilleo del líquido ambarino en la garganta. Un temblor habrá sido, seguro. No lo dicen para no asustar a los clientes. ¿Qué pasaría, ja, si fuera al revés, contra natura, un terremoto allá, cargado, siete en la escala estaría bien, que no dejara nada? ¡Pobre muchacho! ¿Cómo iba a aguantarse a pelo, solo de verdad, sin pasado? Yo sin embargo me quedaría indiferente, hasta puede que un poco divertido; allá toda la vida pensando en un mañana mejor y un simple seísmo tercermundista ridiculiza sus empeños. España es para mí el padrino Martín y alguna vieja hoy gorda. Vio las manchas en el suelo, enormes regueros, huellas de pie perfectamente marcadas y sintió entonces su cuerpo empapado bajo el batín. De nuevo en el baño se secó despacio, atento a la huida del agua jabonosa por el agujero de la bañera, y abrió el grifo con el fin de seguir viendo caer agua sobre agua.

—Venga, hermana. —Hubo un silencio al otro lado, en la habitación de la segunda planta donde debía andar sor Rosa sorprendida—. Tengo que hablarle —mintió don Miguel Angel.

Se dejó caer en la cama y quedó flotando entre almohadones rosas mientras un rayo del sol, que ya abandonaba el balcón, se abatía sobre su pelo iluminándolo. Cerrados los ojos aparentaba dormir, pero su ánimo pendía de los ruidos del pasillo acolchado, de la posible llamada a la puerta de la tonta monja, tan inútil para combatir la soledad, como las mismas gaviotas sueltas, también tontas.

VIII

Resultaba chocante —después de haber asistido a la fiesta— comprobar el meticuloso buen funcionamiento cotidiano de aquella casa de mujeres donde la vida cobraba tonos de campiña inglesa, actitudes elegantes y libres. Para que todo fuera perfecto, Luna sólo echaba a faltar la chimenea y el *basset hound*. Sin embargo, como recuerdo de su reciente estadía en el Chino, se imponía a diario conversaciones con Angélica, a quien sorprendía en el lavadero o hacía preguntas en la mesa, a la hora de la comida, pues él por lo general almorzaba fuera, en alguna cantina del Centro frecuentada por sus nuevos amigos los poetas. De este modo ponía en práctica el convencimiento, desprovisto de contenido político en su caso, desinteresado, de que era entre los humildes donde cabía la esperanza de encontrar resquicios de sentimiento noble o ciertas formas de pensar nuevas. Sin pretensiones antropológicas ni indigenistas iba aprendiendo poco a poco, gracias a la chola cada vez menos desconfiada, cosas acerca de la lejana sierra del norte, de sus ciudades de nombres bellísimos. A primeras horas de la mañana se afeitaba en el patio de suelo de tierra, junto al lavadero, mirando al espejito que había clavado a la pared donde unas noches antes coqueteara. Escuchaba atento la música de la mala radio tratando de reconocer a los intérpretes, pero se confundía, no llegaba a memorizar tanto apodo alado: ruiseñor de aquí, alondra de allá. A sus pies se paseaban las cucarachitas rubias, Angélica lavaba en un rincón y Cecilia mantenía ocupado el baño único hasta un cuarto para las ocho. Desayunaba sin vestirse, en pantalón de pijama, sentado a la mesa frente a Cecilia, mientras las niñas, ya limpias y peinadas, manchaban a su lado. Ese era el rato de conversación segura y sagrada del día, hasta las ocho en punto. Partían después los cuatro a sus respectivos trabajos y Miguel hacía de chófer particular antes de emprender el colectiveo. Dejaba primero a las niñas en el colegio dándoles un beso casi de padre; luego paraban un instante a comprar diarios y Luna se sorprendía nuevamente de la seriedad de su amiga, del entusiástico interés con el que se informaba de los acontecimientos nacionales, muda y abstraída en el pontiac camino a la oficina. La nueva vida transcurría de forma más grata, pero el incansable buscador de trascendencia se preguntaba a cada instante si no sería aquello crear molicie. De hecho, la molicie era patente, se manifestaba en los desayunos americanos servidos por la chola, la cama hecha, la ropa lavada, conocidos numerosos; hasta en su situación legal se manifestaba, pues Miguel —tras una reunión con el cuñado restaurador de Marco— disfrutaba ya de residencia. Sin embargo, lo más muelle radicaba en la impensada amistad que día a día se iba estableciendo con la extraña patrona. Gran parte de sus pensamientos en las horas de colectivo se referían a eso, si bien el sujeto de estudio lo constituía la complicada personalidad de ella, nunca el pensamiento tonto de él, capaz de conferir amistad a mujeres. No llegaba el español a establecer relación entre la animosa y beoda anfitriona de la fiesta, la madre burguesa, la mujer intelectual, y la amante, posiblemente más cínica que burlada, de Marco. En ocasiones, recorriendo la abarrotada Arequipa de las siete, presa de la euforia del anochecer, creía dar con la explicación adecuada y estética: una auténtica cortesana cultivada y de viriles sentimientos. Entonces, todo el entusiasmo renacentista de Luna se volcaba en bocinazos similares a los de Marco, ante el estupor de los pasajeros apretujados en el coche de lujo. El cambio de hábitat había supuesto alegrías, un abanico de nuevas posibilidades, pero también un evidente relajamiento —Luna, utilizando como coartada la sentencia «lo importante es la disciplina, no los hábitos», no realizaba ya sus flexiones matutinas y bebía— así como la ruina, consecuencia sobre todo del amor.

Llegó a tiempo el milagro, cuando su desaliño era tal que ya no podía disfrazarse de dandismo ni de originalidad, cuando el ánimo estaba tan turbado por la falta de caricias que la conversación con el elemento femenino se le hacía imposible, cuando su cuarto parecía auténtica celda monacal y, por último, cuando el optimista y cada vez más acicalado Marco desconfiaba definitivamente de encontrarle novia. El objeto de su deseo era soso pero joven, una linda estudiante de letras amiga de la enamorada del propietario del pontiac. Cayó en el primer asalto, se decía Miguel para animarse y recordaba la noche de la presentación, los ardides del presentador creando un halo de bohemia en torno a él, la sandwichería tenuemente iluminada, el horrible vestido de la niña, sus ojos sin par. A veces le asaltaba un sentimiento de vergüenza difusa que tenía como motivo la imperceptibilidad intelectual de Lucía y su rigidez casi catatónica, consecuencia de una mezcla de aristocratismo y falta de seso. Esto hacía imposible la conversación a solas, de modo que ambos socios y sus respectivas parejas compartían las salidas vespertinas. En un principio Miguel había intentado ocultar el evento a la astuta Cecilia, mas ella, experta en asuntos de esta índole, pronto notó el cambio —mayor ternura para con las niñas, menos huidizo con las amigas que visitaban la casona—, y al fin terminó por confesar aunque cuidándose de no revelar el papel desempeñado por Marco en esta historia erótica.

Le envolvían la sombras, escuchaba el rumor de las chiquillas jugando en el patio y a pesar de no ver bien la hora en su reloj no fluorescente supo que debía levantarse. Una tremenda flojera, la languidez casi deleitosa del crepúsculo, le impedía mover la mano y prender la luz. Cuando consiguió saltar de la cama oyó la voz de las niñas despertándole desde muy lejos, cumplidoras pero sin abandonar sus juegos: ¡Siete y media, Miguel, siete y media! Como un sonámbulo recorrió los pasillos amparándose en la oscuridad, cruzando a gran velocidad ante las puertas, cubierto tan sólo por una toalla anudada a la cintura, descalzos los pies, intentando alcanzar el baño sin tropezar a nadie. «Osito malcriado, te voy a golpear duro», escuchó decir a una de las niñas, que reñía a su oso de felpa, antes de abrir el grifo de la ducha.

Poco después, limpio y encoloniado, peinado a raya, hizo su aparición en el saloncito de junto a la puerta principal donde se hallaban reunidas, tomando el primer trago de la noche, Cecilia y dos amigas. Estaban los ventanales abiertos y entraba la brisa trayendo olor a mar, a humareda de microbús. Luna se sentó haciendo la rueda en el sofá naranja, frente a la mesita baja donde descansaba una terciada botella de Havana Club recuerdo de Navarro, y se sirvió una copa.

—Un momento nada más —dijo—. Tengo que irme.

El cansancio, la modorra fruto de la tardía y corta siesta, se le disiparon con el ron y el ruido de cristal quebrado de las carcajadas femeninas. Languidecía en el sofá, doblada la espalda, la mano relajada asiendo sin firmeza el vaso de ron, tocado por Amor, y ellas lo sentían cambiado, aquellas cazadoras de hombres —que tan bien y con tanto humor y sabiduría se vengaban de ancestrales afrentas— olían el aire cargado de vapores de gel, champú, colonia, que Luna emanaba y, sonrientes, se indignaban suponiendo con acierto lo joven y tonta que sería el amable objeto de sus cuidados.

Una penumbra perfecta, fruto de varias lucecillas y de inmensos pedazos de bar a oscuras, contrastada como en un cuadro tenebrista por el resplandor amarillento de la barra, les impedía verse las caras, obligaba a imaginar recreando los rasgos ya conocidos. Siempre dispuesto a hallar en el goce y en lo que le suministraban sin esfuerzo los sentidos logros, que otros peor dotados alcanzaban merced a más sofisticados procedimientos, Marco se maravillaba ahora de la perfección de la penumbra aquella, superior incluso a sus amados paisajes urbanos. En su hombro reposaba la suave carga de la cabeza del deseo, muda de repente, reclinada, manchando de sudor y perfume su camisa de seda encharcada en los sobacos. Veía enfrente, al otro lado de la mesa, la sombra lunar y la de su enamorada abrazadas, convertidas en una masa oscura que, de tanto en tanto, se estremecía. Las rancheras atronaban el local y el enfrentamiento entre tanto sonido y tan poca luz llenaba a Marco de alegría procurándole una especie de gratísima alienación, un salirse placentero. Observó a Luna amparado en la sombra, cuya mano tanteaba un seno de la muchacha contra él recostada. ¡Qué tal Miguel! ¡Jamás creyó verle cambiado hasta este punto! Se estaban haciendo amigos de verdad, vivían una amistad de héroes, moderadamente alcohólica, festiva siempre por decreto y que, en cierta forma, les arrastraba a ambos a la armonía. Mientras Marco se había vuelto más selectivo —conseguía incluso superar su excelente educación y mostrarse desagradable en ocasiones—, el español daba ya la mano con facilidad, toleraba conversaciones insustanciales, sabía estar en compañía de mujeres. Hacía un momento, antes de que «El Rey» atronadora les obligara a callarse, pudo apreciar esta transformación tremenda. Le vio —mejor dicho sintió su silencio, pues el rostro se hallaba envuelto en sombras— asistir a una conversación de las muchachas que preparaban un doble de tenis dominical. Marco no pudo resistir, se le escapó una carcajada al imaginar a Miguel en pantaloncito blanco y dama, educado, aceptando cortesano el continuo tirar pelotas fuera femenino.

Las chicas, contentas —no eran ajenos a esta alegría los abundantes y carísimos cafés irlandeses almacenados sobre la mesa—, manifestaban su interés por la cultura comentando un artículo de suplemento dominical. La voz ceceante del español, que monologaba pontificando, se imponía sin insultar y establecía sutiles diferencias terminológicas. Escuchaba Marco aquel desfile de significantes, «amor», «pasión», «deseo», cuestionados por Lucía que malinterpretaba y se mordía los labios para no volver a dejar escapar su carcajada, inoportunísima ahora. Asistió, pues, al complicado cortejar de su amigo, mientras sus ensueños le llevaban a la vida animal, a un mundo de pájaros donde —llegaba el macho volando al nido, revoloteaba un rato contra la hembra soltando en el empeño algunas plumas y se lanzaba de nuevo por los aires libre y fácil— las formas brillaban por su ausencia. Su mano acariciaba el cuello de la enamorada con un gesto idéntico, monótono, y, consciente de la falta de excitación, Marco se dio cuenta de que aquel amor languidecía. Cuando vio levantarse a Miguel se desasió delicadamente de la muchacha y le siguió. Desde la puerta de los lavabos contempló la mesita del rincón, a sus novias abandonadas y diminutas.

—¿Hermano, tienes plata? —preguntó a Miguel.

La cabeza con el pelo alborotado, tiesa la coronilla rubia, no se movió. La voz surgía de delante, rebotaba contra los baldosines blancos del urinario de lujo.

—Nada. ¿Y tú?

Permanecieron de pie, aspirando las miasmas, mirándose a los ojos enrojecidos, intentando trazar un plan. El nuevo Luna habló primero.

—Entonces bebamos más para no pensar en el tema —dijo.

Vivir el instante. Eso le predicaba a él aquel tipo converso, racionalista hasta hacía una semana, a él que había sido el pionero del pasar. Se rio, le zarandeó por los hombros, divertido, maestro realizado.

—Anda, huevoncito, dame el reloj.

Dejando atrás la acolchada puerta de los lavabos se encaminaron hacia la barra y Marco hizo una seña al más viejo de los camareros.

—¿El señor va a retirar su relojito? —preguntó éste.

—No, Celestino —dijo Marco—. Le voy a dar a guardar otro por unos pocos días.

Regresaron donde las chicas, las ayudaron a levantarse, fingieron normalidad absoluta mientras salían y la noche de verdad les sorprendió de pronto tras la puerta, con su luz inigualable y su frescor, con su viento y olor a barrio rico, llena de silencio, de rumores, de farolas fundidas. Mal aparcado les aguardaba el pontiac a diez metros del mar.

El carro rojo se deslizó silencioso por calles llenas de inesperados agujeros, atravesó el barrio residencial, muy despacio para permitir las últimas conversaciones. Dejaron a la enamorada de

Marco en su casa —la despidieron oleadas de mansa música, música de medianoche—, una graciosa construcción moderna con jardín y columpios. Siempre conviviendo con la mentira, se dijo Marco mientras mentía diciendo:

—Dejadme en Barranco. No tengo nada de sueño y me provoca pasear un poco.

No podía llegar con ellos a casa de Cecilia, de modo que pensaba hacer tiempo un rato, contemplando el mar desde el malecón, y aguardar hasta que ellos se hallaran en el lecho, encerrados en el cuarto de la otra punta y, casi con seguridad, absortos. Entraría entonces valiéndose de la llave de amante, sigiloso, abriría la puerta de la habitación de Cecilia iluminada por el resplandor de la farola de enfrente, donde la cama blanca flotaba entre tanto espacio despejado, y despertaría a la mujer con el murmullo provocado por su mole risueña, con sus besos de olor a wisqui. Al apearse en Sáenz Peña la brisa le despeinó, tuvo que cerrar los ojos pues las ventoleras arrastraban arena acarreada desde las playas de abajo, papeles triturados, basura varia recogida de los flancos terrosos del malecón. Vio alejarse el coche y sintió frío, se abrochó el botón de arriba de la camisa sudada en los sobacos. Un instante permaneció inmóvil, tratando de oír el frenazo del pontiac a unos metros de distancia, frente a la casa de Cecilia; luego —no lo oyó, un microbús nocturno impuso su estruendo de chatarra— caminó rápido para entrar en calor, pateando las piedras que encontraba en la vereda. Tras la barandilla del malecón se encontró de golpe con el mar manso y plateado. Se sentó en el muro de piedra mirando abajo, absorto en la contemplación de la espuma blanca de las olas reventando en la playa. A su izquierda, como un oasis de luz en medio de la Costa Verde, perdida en el desierto, una discoteca playera lanzaba ramalazos de luz intermitente, propagaba un rock viejísimo que llegaba amortiguado hasta Sáenz Peña.

Me horrorizaría que se despertara ahora y saliera y nos la encontráramos así, de repente. A saber qué camisones llenos de trasparencias, colores rosas, llevará. Lucía atravesaba el salón de baile a oscuras, cogida de la mano de Luna, muy asustada como siempre que entraba en aquella casa de mala reputación a cuya dueña temía conocer. Recorrieron pasillos y patios procurando no hacer ruido, más ligeros conforme se iban alejando de la habitación de junto a la puerta principal, cerrada, misteriosa, guarida de la afamada Cecilia.

Desnúdate, se decía, desnúdate y deja de una vez de ser la mona, quítate ese vestido asqueroso, sentado en el catre monacal, pasivo y tieso, mientras aguardaba alguna señal de amor por parte de la joven. Se hallaba de espaldas al ventanal —desvalidos rayos de luna lo atravesaban ahora, alaridos de la enloquecida cacatúa lo harían mañana temprano— ocupado en descalzarse los destrozados mocasines de colectivero. Calculó un instante, mirando de reojo al despertador de esfera luminosa, abstrayéndose, convirtiendo de forma casi espontánea, sin demasiado esfuerzo, a la muchacha en objeto inanimado. Tres estará bien. Le pareció procedente realizar más sacrificios de lo habitual teniendo en cuenta que no la volvería a ver hasta el fin de semana, víctima además del calor irlandés de los cafés. En la alcoba le resultaba sumamente fácil a Luna comportarse como un caballero antiguo; por encanto desaparecía toda inhibición, deferencia. Vuelto niño, pensaba sólo en saciar de prisa y lo más posible sus sentidos. Lucía lo vio desnudarse a sacudidas, harto ya de aguardar a que lo hiciera ella y le miró desnudo y atlético, joven gigante hermoso a quien los bostezos restaban atractivo. Se entregó a sus brazos sin gracia. Notó más tarde cómo la atenazaba en sueños, cómo la retenía con manifiestas intenciones de seguir consumando. En la habitación a oscuras, en un silencio sólo quebrado de tanto en tanto por tosecillas, ruido de sábanas, Lucía se dijo que esta noche no, que se iría ahora, que no estaba dispuesta a volverse a arrastrar, maldormida y demacrada, por aquellos pasillos hostiles, a primeras horas del día, a la luz mortecina del sol medio impotente todavía. Se liberó del abrazo de Miguel, se vistió tanteando pero ni aun así pudo evitar hacer ruido —crujieron sus zapatos de tacón sobre las maderas del suelo— y el durmiente se incorporó en su lecho. La alcanzó en la misma puerta.

—¿A dónde vas? Espera —dijo Miguel.

Los baldosines del salón de baile se combinaban raros a la luz de la luna, los muebles yertos de los rincones y las flores que caían del techo en cascada de araña contribuían a crear sensación de angustia; la necesidad de no hacer ruido, de no hablar, oprimía. Descalzo, recorrió Miguel las piedras del jardincillo delantero y subió al pontiac dispuesto a apretar con saña física el acelerador. De nuevo los restos de la ciudad se ofrecieron a sus ojos somnolientos. Mientras recorrían las calles vacías, Luna sintió el deterioro, intuyó brevísima vida a aquel juego a dos. De inmediato le sucedió lo de siempre: le entraron terribles ansias de romperlo, hacerlo estallar antes de que pudiera despertar mezquindades, tensión, condenarlo a la nada para poder volver a iniciar juegos nuevos. De poco le servía en estas ocasiones el sentido de la realidad. Ni siquiera se permitió el recuerdo de los largos días vividos sin mujeres; Luna no era previsor. Cuando detuvo el pontiac frente a casa de Lucía permaneció rígido, pegado al timón, mordiéndose los labios. Contestó sin embargo al «chau» de la niña y, despierto de repente, casi feliz, se dijo que ella no volvería a llamarle, que no la vería nunca más en su lecho. Manejó despacio de vuelta a Barranco, silbando entre dientes, dejando ponérsele de punta el pelo rubio alborotado por la brisa, disfrutando de aquel estado de ánimo que mucho tardaría en repetirse. Estoy saciado, se decía, saciado y libre. Era su mejor momento y el cerebro lo aprovechaba entregándose por entero a la belleza de la noche, la ciudad dormida, a la brisa que presagiaba mar. Lo contempló poco después en Sáenz Peña, sentado en el muro, con las largas piernas colgando y los zapatos a punto de caer sobre la carretera costanera. Paseó malecón arriba, volvió atrás, esteticista de nuevo reparó en varios de los enormes y viejos carros aparcados frente a caserones de verjas desteñidas. Cuando la exaltación menguó, se metió en el coche, arrancó, y al poco, subiéndose a la vereda, lo cuadró delante de casa de Cecilia. Consiguió abrir la puerta sin hacer ruido y se enfrentó a las tinieblas en la zona primera, aquella donde no llegaba todavía la claridad de los patios. Se detuvo un instante frente a la puerta del dormitorio misterioso de junto a la entrada, asustado por el estruendo de amor. Partió luego veloz, avergonzado de que pudieran descubrirle así y creer que escuchaba. Reconoció su habitación por el ventanal, por el tacto tibio de los pies descalzos sobre las maderas del suelo. Se le apoderó el cansancio acumulado, el presagio de un mañana peor. Puso el despertador a las ocho convencido de que la única forma de recuperar su reloj seguía siendo el colectivo cotidiano.

IX

La cacatúa actuó sin éxito al alba —sus alaridos estivales penetraron en la estancia monacal—, el despertador se crispó también a punto, pero Miguel, sudoroso, consagrado a sueños malos, no hizo sino removerse en el catre sonoro y muy sucio. Se hallaba en provincias, notaba que era él por la altura, esa distancia enorme de la cabeza al suelo, recorría en la noche una larga avenida donde sombras feas, idénticas a las de la ciudad vieja de Estambul, a las de Pigalle, acechaban y por fin aparecía una estatua de Colón, water de pájaros, y detrás, espeso, craso, el mar Mediterráneo, el familiar, el mar mercader y culto. Luego, sin transición, regresaba a la estepa, a su Madrid bárbaro, en la peor época, pleno verano, agosto amarillo despoblador de ciudades. Sudó, se despertó al sol de diciembre limeño intentando en vano situarse en el tiempo, recordar obligaciones inmediatas. Pasaron varios segundos en blanco, desprovisto de referencias y de nombre, hasta que la imagen de Lucía le devolvió la identidad y la angustia. Más tarde, ya aseado, salió a desayunar al patio descubierto donde Angélica habría dispuesto la mesa. Sentado en un sillón de anea, desnudo de medio cuerpo para arriba, encontró a Marco ojeando los diarios de la mañana. Desde el torreón hendido llegaba rumor de huainos, la sombra cubría medio patio, Luna se sentía fresco y limpio, y de repente se le apoderó una profunda, excesiva casi, sensación de ocio.

—¿Y pues? ¿Dormiste? —saludó Marco.

—Demasiado —contestó—. Tenía que haber hecho colectivo desde las ocho para recuperar la medida del tiempo.

—No te preocupes, hermanito. El niño Marco vela por ti. Le pedí prestado a la patrona. Esta noche tendrás el relojito.

La chola acudió presurosa a atenderle, recitó sonriendo su «buenos días señor Miguel», con leve rumor de zapatillas giró alrededor de la mesa para comprobar que no faltaba nada. Se retiró después y la oyeron cantar en el lavadero. Deben de estar vacías y agradables las playas en un día no feriado, pensaba Luna mientras escuchaba distraídamente a su amigo, pero no lograba evitar que le asaltara un impreciso sentimiento de vergüenza. Hoy, más que nunca, se veía, veía a los dos, como dos hombres enfrentados a largas veinticuatro horas protegidos tan sólo por una pareja de padres viejos, por vagos principios de voluntad, por la amistad de la mujer que trabajaba ahora en absurdos asuntos publicitarios. Se habían repartido su dinero —la mitad reposaba ante cada uno de los jugadores sentados a la mesa despejada ya— y, al sol del mediodía, escrutaban nerviosos las cinco cartas de la primera mano. Podían agradecer a su lucidez el placer que arrancaban al juego, nada más. Quizá también, pensaba generoso Marco que pensaba en estas mismas cosas, momentos de humor, un sentido especial de la amistad, la posibilidad de estar siempre disponibles a un todo indeterminado que nunca tenía lugar. Jugaban póquer descubierto dejando una carta tapada y exhibiendo boca arriba los coloreados rostros de las otras, apostaban la plata de la agencia publicitaria de Cecilia —de vez en cuando una ráfaga se llevaba revoloteando algún billete descolorido— y Luna calculaba los viajes de colectivo necesarios para pagar su deuda caso de perder. Concentrados en el juego como en un trabajo, deslumbrados por el sol, no se percataron de la presencia de un individuo que les contemplaba desde hacía rato, hasta que éste se decidió a hablar.

—¿El señor Dávila? —preguntó con una sonrisa.

—No está —dijo Marco—. No está nunca.

—¿Y Cecilia?

—Tampoco. Salió a su trabajo. ¿Quiere que le diga algo?

Le vieron vacilar. Sin duda no conocía al marido de Cecilia y había supuesto que era alguno de ellos. ¿Cómo podría interpretar aquel pobre tipo que ahora decía «díganle no más a la compañera que vino Lucho a verla» aquella escena de dos hombres maduros jugando desnudos al sol de la mañana laboral? Luna escuchaba burlarse a Marco de las veleidades políticas de Cecilia, le oía buenas bromas. ¿Por qué carajo se empeñará en cumplir con la Historia? En verdad, la Cecilia comprometida lo tenía muy difícil para borrar la pésima impresión que sin duda la presencia de hombres viciosos —ni siquiera maridos— en su casa habría causado a los compañeros. Y eso sin tener en cuenta una realidad peor, desconocida todavía, pues en última instancia mantenía a sus expensas a la mitad de aquellos parásitos. El nada pagaba en casa: ni comida, ni luz, ni alquiler de ningún tipo. El colectivo y el sueldo de hijo de Marco sólo alcanzaban para cervezas; el resto se sufragaba con horas en la agencia de publicidad y a costa del exmarido y padre. Marco —que ahora resoplaba no pudiendo evitar exteriorizar la alegría de haber vuelto a ganar con una escalera— por lo menos cumplía como caficho. ¿Pero y él? Tanta generosidad, un desprendimiento tan noble en una mujer le superaba. Se indignó contra el amigo burlón. Marco, al principio, no tomó en serio las palabras del español moralista. Luego, tanta insistencia le picó y dijo por fin tirando las cartas al suelo:

—Mira, zambo, si yo fuera allá y me interesara, si comenzara a opinar, tú me dirías que dejara de hinchar. Pues lo mismo te digo, huevas tristes. Ya oíste: método, trabajo, compañeros...

Regresaron al mundo apasionante de su juego monótono. Las horas de la mañana de estío transcurrían lentas —el sol golpeaba la pared de enfrente sacándole brillos alegres y blancos, cegadores— y la deuda de Miguel se había vuelto ya impagable. La desazón que le daba temblores de mano, sudor frío, no era sin embargo producto del dinero perdido sino de pensamientos malsanos. Le hubiera contado a Marco, pero la lengua no obedecía órdenes, se acurrucaba inmóvil en las fauces resecas, pastosas de resaca. Se preguntó por qué motivo dejó su confortable rincón casi europeo para venir a recalar en este patio. Porque me los encontraba hasta en la sopa, hermano, le había explicado hacía pocas noches a

Marco. Era insoportable, a los más tontos, los más miserables. En los periódicos, la televisión, el cine. Aquello también es un pueblo. Lo copaban. Yo tenía que irme a las tabernas mugrosas, a los clubs de ejecutivos. Me estaba haciendo fascista poco a poco. Por reacción. Todos han crecido: son ya oruga de artista, alcalde de barrio, profesor de universidad, sociólogos. Cada mañana, cuando abría el periódico, me pateaban el ego, conseguían hacerme dudar, preguntarme si mi desprecio no sería envidia. Lo jodido es la edad. A estas alturas no puedo ni siquiera despertar mala conciencia, ando vivo y cuerdo y no estoy en sazón para la épica social ni creo además en ella. Estaba arrinconado y por eso me fui. Ahora sin embargo, frente a la inevitable pareja de jotas servida, tomaba conciencia de más cosas, creía hallar el motivo de su nulo interés por la política. Es que los compañeros son una distinta forma de obsesionarse por el orden, una ligera variante. Es lo mismo un fin de semana de burgueses al sol, parloteando, creyendo que son ingeniosos y libres, que sindicalistas discutiendo sueldos. Yo sólo puedo sentirme a gusto entre gentes que no crean que la culpa de su infelicidad descansa en tonterías, que no busquen motivos sociales a su desgracia, que no reivindiquen estupideces como mujerzuelas ni tampoco se sientan satisfechos como obesos. Me ha costado la mitad de la vida darme cuenta de que mi padre tenía razón, debió ser un ejemplo para mí, su ausencia debió aleccionarme. El oro, sólo él libera. Dejó las cartas sobre la mesa —le tocaba repartir— y dijo a su amigo:

—No puedo seguir jugando. Te debo la plata de dos meses de pontiac —añadió tras una pausa—: Marco, hay que enriquecerse. Quiero salir de la clase media.

Marco se había levantado, dándole la espalda pateaba una pelota colorada que las niñas habían olvidado entre piedras y hierbajos verde seco.

—¿Escapar? —preguntó—. En cuanto a las formas ya lo haces. Eres sequísimo, nada burgués, hermano. Un torpe social nato, un desclasado.

No quiso contestarle, se limitó a sonreír, a contemplar sus patadas poderosas mientras, distraídamente, atendía a la música amortiguada de la radio de Angélica. Poco después aparecieron las niñas, frescas pese a haber recorrido las calles bañadas de sol, chillonas y hambrientas. Repartieron besos. Cuando empezaron a comer, en la misma mesa donde ellos habían desayunado, Miguel las observó tratando de descubrir algún parecido con la madre. Marco, acudido a ejercer la autoridad, presidía la mesa, servía el agua de limón, hacía de padre, decía frunciendo el ceño: «Se van a comer ustedes el arrocito rico.»

Había anochecido como sucedía cada noche en la capital, la noche sosegaba, tranquilizaban los ruidos de siempre, pero Luna, encerrado en el pontiac, siguiendo el camino por instinto igual que un caballo viejo, no dejaba de pensar. Se le apoderaban dos locuras antagónicas. Por una parte, acababa de descubrir que amaba a Cecilia y esa revelación y lo dificultoso de la empresa le dejaban perplejo, sin capacidad de razonar. Ni siquiera se indignaba ante los constantes pitidos de la Arequipa abarrotada y tenebrosa; seguía no más, pegado el morro a la 2 amarilla de feroces frenazos anárquicos. Por otra, saber al fin cuál era su camino le enervaba y alegraba a un tiempo. La capacidad de estructurar delirios trabajó duro y hacia las diez Miguel daba forma positiva a la sórdida tarea de enriquecerse. ¡El oro! Lo que tantas veces pensara en su caluroso Madrid natal, hacía poco en el Chino, había sido un error, una interpretación blanda. Sus vilipendiados e incomprendidos antepasados castellanos lo supieron antes, toda la voluntad se les convirtió en deseo de oro pero no por espíritu de rapiña sino para ser dioses. La piedra amarilla que procura ocio, mujeres, que puesta al sol brilla más que él y lo oscurece, un símbolo metafísico capaz de devolverle todo el día al hombre. Sólo disfrutando de él hay lugar para sentimiento estético, para indiferencia, porque la miseria, si no es absoluta, miserabiliza. La trascendencia por abajo, a través de la degradación, venía después. Había equivocado el orden. Antes de enclaustrarse en la Lima purulenta de las existencias anónimas, en Don Felipe, debió haber intentado hacer fortuna y dejar el fango por si la fatalidad triunfaba, jamás antes.

¿Cómo combinar esta revelación con el amor repentino e intenso? Ella ni atendería a sus posibles confusas explicaciones acerca de un tema que nada le importaba y que ni siquiera censuraría. Quizá sonriera o lo tomara, en el mejor de los casos, por una manía simpática. ¿Y del amor entonces, mujer, Cecilia rara? Notó que estaban a punto de llegar a San Martín porque los clientes desembarcaron de golpe y una turba abandonó la cola de la 2 para intentar subir a su carro. Tuvo que acelerar, poner el seguro a la puerta de la derecha, gritar: «¡No!» Mientras daba vueltas por el Centro buscando un lugar donde aparcar, muy despacio, respirando los humos concentrados a lo largo del día en aquellas callejuelas cerradas, recordó a Lucía. Regresó después a pie hasta San Martín y la llamó desde un teléfono público. Una voz desconocida le informó de la ausencia —la señorita está de viaje—, y al colgar Miguel se dio cuenta de que tanto pensar le había despertado soledad.

Aquel sentimiento, malsano por excelencia, le llevó Carabaya arriba hasta las galerías de tétrica luz donde se hallaba un café restaurante que le recordaba España, un lugar destartalado con vago aire madrileño. Se instaló en las mesas de fuera y pidió el menú barato, estiró las largas piernas poniéndolas en el paso de los transeúntes ausentes a las diez pasadas, compró en el quiosco de enfrente un cigarrillo suelto y lo fumó arrojando bolas difuminadas de humo rubio. Pudo contemplar a placer la suciedad de sus únicos zapatos, los que hacía servir para el colectivo, cuyo cuero reseco amenazaba morir en varias grietas. Mandó lustrárselos a un chiquillo, y para combatir la vergüenza, lo incómodo de la situación, le encargó todos los diarios del día. En las galerías roñosas de luz fue pasando hojas y tomando conciencia de su escaso saber, de su desinterés ofensivo para el país y para él. Soy un auténtico gringo estúpido, no un escéptico, se dijo. Mordiéndose los labios de ira, le dio al niño una propina excesiva, pagó la comida y partió con los periódicos bajo el brazo. Caminó empujando a mendigos y borrachos, tratando de combatir la angustia con una pelea física. Poco después, en el pontiac, convertido en lechucero, el humor vino en su ayuda y cantó parodiando las voces caribeñas: «Zanjón en la noche, Arequipa en el día, ay, ay, ay.»

Se apeó en la Plaza Unión dejando tirado al tuntún el carro en la noche y deambuló, una cabeza rubia sobrevolando público nocturno, por aquel inesperado bullicio en el centro de la ciudad dormida. En un carrito pidió un sandwich verdoso, cargado de microbios, y, a cada mordisco, sonreía pensando en la facilidad con la que aquellas tierras suministraban modestas aventuras. Pronto se cansó de ver a los de siempre o a su copia, del viento cargado de detritus, del hedor dulzón y fuerte, de patinar sobre escupitajos, y volvió sobre sus pasos, se encaminó al lugar donde se hallaban instaladas las mesas de ajedrez portátil. Miguel sonrió, se estaba diciendo que el azar sobrevive aun en épocas diminutas, que a veces es mejor estar mal acompañado que solo. Pudo contener a duras penas sus ganas de hablar, desde atrás asistió a la partida, desigual, al jaque mate, al ligero estremecimiento de cogote con el cual delataba su amigo la inmensa felicidad, la plenitud que ganar a lo que fuera le confería.

Luna miraba la hora a cada segundo. Contento como un niño, se acariciaba el recuperado reloj automático. A su lado, terminando de romper el endeble respaldo de una silla de madera carcomida, Marco bebía a largos tragos cerveza y espuma. Aguardaban el cabrito asado del amanecer en la sucia peña, bebiendo para distraerse, escuchando a los músicos sonámbulos. Luna, embargado por la alegría de haber chasqueado a la soledad, de haber conseguido oreja, interpretaba.

—Me gusta esta música ramplona. Hay algo que la salva. No es tan llorona como parece y además no es del campo telúrico como en mi tierra. Por lo menos es urbana.

En eso tampoco estaban de acuerdo, si bien la buena pasta de Marco le inclinaba al silencio. Marco detestaba a muerte aquellos valses archiconocidos que despertaban su dormido patriotismo, le llenaban de ansias físicas de cambiar las cosas y, para su sorpresa, siempre le indignaban o entristecían más de lo debido. Intentó concentrarse en las hembritas, vano empeño a aquellas horas de la noche donde jamás triunfaría la sorpresa bella. Estaban las pocas mujeres sudorosas, mal vestidas, abiertas al mundo a través de ojos húmedos, resguardadas por horribles vestidos y acompañantes gordos, muy cansadas. Se adormilaba ya cuando vio que Luna llamaba al mozo y luego le decía a él:

—Toma, te iré pagando de a diario.

Agarró el fajo de billetes requetedoblados y, medio en sueños, los embutió en el bolsillo del pantalón demasiado ceñido.

Se encaminaban ahora hacia Barranco dando un rodeo por los malecones, de modo que la brisa del mar penetraba a través de las abiertas ventanillas y la salida se prolongaba un poco más. Al llegar a casa de Cecilia entraron en el saloncito, abrieron de par en par los ventanales y, sin prender la luz, se sentaron en el sofá naranja para tomar la del estribo. Reinaba una extraña calma a aquellas horas y, presente todavía el recuerdo del Centro, los dos amigos gozaban de la atmósfera sedante y de la comodidad del sofá. Charlaron en voz baja mientras bebían de cosas que poco a poco se espesaban. Sin darse cuenta, ganado por el cansancio reblandecedor, Miguel se encontró tocando el tema proscrito, se refirió al padre ausente y narró lo que de él sabía a su amigo bostezante y nocturno. Hacía casi frío y el cielo, blancuzco en los ventanales, pretendía amanecer. Se había creado ese silencio que precede al alba —ni siquiera lo turbaban pájaros, microbuses— desazonador y misterioso como la contemplación en la noche de las estrellas o el mar. Los dos amigos, desvelados, se entregaban a recuerdos pensados en blanco y negro de cansancio, a las copitas de ron. De repente, un murmullo que se apagó en la puerta del salón les sobresaltó. Allí estaba Cecilia frotándose los ojos, descalza, vestida sólo con una camisa de Marco, cuyo pelo despeinado, a contraluz, le daba aire de aparición. Se tumbó en el sofá apoyando la cabeza en el hombro de Marco, aceptó con un gesto el ron, y lo bebió de desayuno. Luego se animó y empezó a contar, mucho más despierta que ellos, de sus reuniones políticas, de chismes. Se burlaba incluso: «¿Y mis héroes problemáticos? ¿Cómo les fue? ¿Qué tal pasaron el día?» Cuando, más tarde, Luna se dirigió a su habitación, la luz iluminaba ya los pasillos, los patios descubiertos. Pronto despertarían las niñas, así que Cecilia y el otro se verían obligados a amortiguar el fragor de sus excesos. A más de cuarenta metros, desde el salón de baile, Miguel escuchó los rituales alaridos de la cacatúa infatigable.

X

La arena se tiñe por un momento corto de rojo en lugar de ese blanco blanquinoso tan molesto para los ojos —resguardados los míos tras anteojos de pesada montura arcaica—, la veo a través del retrovisor, pasada ya, hecha presente a voluntad en una suerte de particular caverna, y disfruto de este instante pues de inmediato me envolverán las sombras y la Panamericana no será sino una cicatriz entre el desierto oscuro cerrado por colinas y mar bravo. El coche plateado, enorme, brilla, centellea altivo y caro a horas y en tierras donde nadie hay, sólo quizás algún gato o mendigo desterrado de regreso a la capital polvorienta. El noticioso comunica naderías, nuevas víctimas del quesito fresco —curioso adjetivo para un vívere letal—, deja pronto paso a música de huaino. Cambio entonces de emisora, pongo boleros susurrantes notando que la radio se ilumina diferenciándose de la oscuridad que ya ha cuajado. Desnudo de medio cuerpo, colgando fuera el brazo izquierdo cuya muñeca ostenta un reloj de oro puro, el pecho velludo frente al cristal delantero, azotado por la brisa del desierto que ventanilla y techo descapotado invitan, prendo un cigarro muy grande, un puro casi, y me recreo en lanzar bocanadas de humo de olor a hierba fresca. El instinto permite bruscos frenazos, golpes de timón para burlar los baches, los perros y gatos despanzurrados, mientras el resto de mí se recrea en la espera como si de amor, de contenerse, aguantar de forma que el placer no llegue y conferirle así importancia postiza, se tratara. El nombre quebradizo de mi marca —manía de bebé obcecado en una papilla y sólo una— me viene a la memoria: Cristal de húmedos contornos amarillos. En la noche del desierto costero, bajo los puntos móviles de las estrellas hundidas en su marco negro, oyendo —mentira, música psíquica pues los boleros y el ruido del motor lo ahogan— rumor de olas monótonas, olfateando la brisa cargada de olor a sal, a algas, a caca de pelícano y gaviota, el cerebro cae en metafísica, y otro más débil que yo llegaría a la idea de considerarse poco. Yo por el contrario, grandísico engreído, me crezco ante la inmovilidad de la naturaleza estúpida cuyo disfrute he decidido, decidí mejor dicho, días atrás, en la Residencial todavía, cuando lo pensé como anticipo de las cervezas primeras en una Lima nocturna, estival pero fresca. Me he excedido, horas de libertad, un día laboral entero, retrasando el reencuentro, tumbado al sol en una playa desierta, habitada sin embargo por tribus de aves marinas —mi coche de lujo recorriendo la arena húmeda, esa franja dura que se extiende ante el reventar de las olas, ha levantado nubes de alas grises, blancas, vocingleras—, horas de sed, de preparación para la vuelta al mundo en condiciones, moreno, quemada la cara y frente por el sol insaciable y practicista.

Iba descalzo, apretaba el acelerador con la planta suave del pie poco curtido, se le alborotaban los rizos negros en la testa y así, fumando hierba colombiana, desnudo —mostrando a la Panamericana polvorienta su torso musculoso—, solo por antonomasia, privado por decisión de amigos y familia, autosuficiente, se gustaba. Le encantaba de sí mismo su excelente sentido del humor que le permitía burlarse de don Miguel Angel, eso sí, con inusitado cariño. Un viejo, alcohólico mal curado, camino de una cita con cerveza, maniático y fiel a su Cristal como un bebé a papillas, héme ahora. ¿Y mis mujeres? ¿Qué se fizo de las hembras de gaviota, qué de deseos más nobles, de vicios de hombre? Debo ser sincero, decirme de una vez que sólo en el cerebro hallo diversión. ¿Y cómo? Proyectando, abstrayendo de la naturaleza —el agua al caer sobre agua o el silencio, o la bóveda celeste de diferentes dibujos según el hemisferio, o el conjunto presente de ruidos, brisa, olores— un momento de belleza mía, pues en poco la valora cuando es oficial o evidente o duradera; sólo en la caduca, transitoria, hay trascendencia. Amaré siempre la vida, jamás me aburriré mientras ignore por qué el pobre cerebro material, al servicio de un licenciado en medicina García, de cualquier mierda, puede a veces superar a sus propios poderes. Es difícil de asimilar para un valiente, yo por ejemplo, ese misterio. Es más, nocivo resulta cuando joven, la pésima locura juvenil que nada entiende naufraga en él, de tanto valorarlo cae a veces en deseos de arte o de amor o en proyectar nombre a través de la historia. Pero gozarlo sin más, con cierta burla, descartando cualquier proyecto de utilidad, saber que existe y que nos diferencia de las piedras y los pollos libera. Vio las primeras luces a lo lejos, pálidas, neblinosas, de la ciudad pobre, subidas a los cerros, cuyo resplandor no presagiaba en modo alguno barrios residenciales ni belleza, hacía pensar más bien en un recinto encantado donde duendes de medio metro, azules, se entregaran a ridículas danzas o al sexo.

28 de julio, con nombre de números gloriosos desproporcionado para su tamaño, marcaba el final de la animación, ya nada había más allá, en la avenida que por costumbre se prolongaba hasta el mar. Vestido con impecable terno blanco, sombrero también blanco, pasado de moda incluso en Lima, don Miguel Angel Luna fumaba —cigarrillos esta vez— sentado ante una mesita del Espigón de luces amarillas. Alejado —apenas cien metros constituían un abismo insalvable para la rutina vespertina— del itinerario de tanta muchacha bella, del alegre sonido de claxons y gritos adolescentes, de las terrazas animadas, de los atascos de peatones en la vereda, se consagraba por entero a su placer solitario. Fija la mirada brillante, no vidriosa —el alcohol no hacía sino enloquecerle, conferirle un aspecto más duro—, en los envases vacíos de cerveza chica, paladeaba los restos de espuma adheridos al culo del vaso y se demoraba en pedir nuevo trago. Los efectos de la droga bárbara y la sensación de cosquilleo en la garganta, el gusto amargo, pulsaban el archivo mental, le obligaban a leer el libro pésimo y pol-

voriento, arrinconado a voluntad. Acudían, como espíritus a destiempo, a la Larco de luces mortecinas, los estúpidos ángeles de la guerra. El señor Luna revivió en imágenes borrosas la realización de antiguos conceptos hasta la saciedad caídos en desgracia, aquellos que rigieran su juventud española. Deseo de aventura, firmeza en no renunciar a no estar bien, desprecio por el socialismo indiferenciador y hogareño, sentimiento trágico de la vida, odio a la razón burguesa y a la ciencia —vio feliz cómo se destacaba de las tinieblas la sombra todavía más oscura de una bicicleta negra donde un cholo pedaleaba en contradirección—, por último ilusión infantil de vivir en una república de hombres gozando de la intensidad de la batalla, del trago acompañado y burlón, de burdeles bien surtidos para descansar de cultas discusiones alrededor de la hoguera. Reconstruyó sin embargo, nítidos, jóvenes de recuerdo, los rostros de antiguos compañeros: notarios, ingenieros, algún rico de pueblo. Cerró los ojos, apretó los párpados hasta provocar círculos de colores. Todo estaba pasado, agua fluida y muerta para quien la vio una vez, salvo la idea de lo gregario, la necesidad de compañía en el jugar. Se sonreía otra vez. Nacido en la Meseta, de sexo hombre, incapaz de encontrar compañeros iguales, obligado por la geografía y la historia a compartir su ocio con él mismo, a hacer solitarios pese al oro, se obsesionaba en este momento por la idea que ya todo lo copaba, le quedaba chica en el cuerpo, le hacía levantarse de la silla, dar zancadas por la vereda, vocear al mozo, pedir violentamente, presa de sed feroz, otra cerveza. ¡El hijo! No le quería, se decía, no era sentimiento mezquino y colectivo, de instinto en su vertiente negativa, no era como llegar a Dios de viejo, llegar al amor, a la satisfacción para sus enormes orejas de pelos blancos ya: «papá». Ansiaba nada más encontrar una copia, pues seguía enamorado de sí mismo, verse reflejado, poder burlarse con el hijo de lo que de Elena en él hallaran. Un compañero de juegos, eso buscaba y quizá, si de verdad se hacían amigos, hasta le ayudara, le obviara meteduras de pata adelantándole de palabra acontecimientos inevitables. Eran tan grandes sus ganas de conocerle, que la violencia proscrita desde la madurez le poseyó. Convertido de súbito en un blanco colono de aquella república, puteó al mozo exigiendo rapidez, pidió una ficha de teléfono para llamar a Navarro y preguntar dónde se guarecía el alevín.

Llevaba en una mano el sombrero y en la otra una botella roja de wisqui de importación —ningún otro regalo se le había ocurrido— cuando penetró decidido en el polvoriento jardín de la casona de junto a Sáenz Peña. Llamó al timbre, echó una ojeada a la cristalera polícroma de la puerta y luego se volvió para encarar la avenida, impasible, dejando humear a su gusto el cigarrillo anclado en la boca grande. Oyó voces de niña, ruido de pasos. Miguel no está, le habían dicho expeditivas, pero Cecilia preguntó desde el saloncito: ¿Qué sucede, niñas?
—Sucede, señorita, que vengo a ofrecerle matar al padre a quien por causas poco comunes no pudo hacerlo en su día —dijo Luna sonriendo cortés al vacío.
Se adentró en la casa, avanzó hacia el salón contiguo donde Cecilia, repantingada en el sofá rosa con un libro en la mano, le vio aparecer sorprendida. Poco después brindaban —repiqueteaba alegre e inconfundible el hielo en los vasos largos— solos ya, pues las niñas, que al principio asomaran la cabeza llenas de curiosidad, se habían retirado a uno de los patios para proseguir el juego interrumpido. Los grandes ventanales, abriéndose al mundo, mitigaban la sensación de intimidad, la cerrazón de pareja, ofrecían de tanto en tanto alguna fugaz silueta de abarrotado microbús rebotando muy alto sobre los adoquines. Se mostraban ambos ocurrentes, ni el teléfono inoportuno lograba hacer languidecer la conversación que había soslayado desde el principio al hijo. Mientras intentaba seducir —agarrando al vuelo la oportunidad, entregándose por completo a aquella mujer que le parecía más que hermosa—, don Miguel Angel no se perdía ni un detalle, se empapaba de síntomas de casa habitada y sin embargo poco femenina. Miraba a Cecilia con mirada experta y tasadora, educada a la vez, sin prestar atención a sus palabras. Más de treinta años hace que no hago eso que se llama compartir la vida. ¡Por Dios! ¡Como si se pudiera compartir! Rememoraba épocas conyugales, invasiones de su

territorio, deberes. Epocas densas, apretujadas, sucias. Sin embargo, ahora sentía algo parecido a la nostalgia, en la casa donde, para su sorpresa, nada delataba niños —no había juguetes abandonados, bicicletas a la vista, baberos, orinalitos— y lo atribuyó al cuerpo cabrón que sí envejece. Además soy un convaleciente, salgo recién de una enfermedad de la voluntad, demasiado pronto, no curado. ¡Ah, inepto Abstemirel García! Tengo entendido que estaba usted sometido a una especie de cura, oyó decir a la muchacha que, sonriente, le señalaba el vaso de wisqui, la asolada botella, y de inmediato se disiparon los domésticos fantasmas. Le notó la juventud en la forma de discutir, en el desmedido uso de argumentos de consumo, pero él rehuyó la polémica abierta, se mostró contemporizador, astuto, se limitó a narrar anécdotas inofensivas sobre la Residencial y el hastío. Por un momento deseó hacer una visita al cuarto del hijo, saber algo de él antes de conocerle, husmear lo que de revelador hay siempre en un cuarto, el rasgo definitivo de carácter: apego o no a lo material de quien lo habita. Luego le oprimió el entorno, los ventanales abiertos a lo mismo, la luz indirecta, las flores, el teléfono insistente y distanciador, su propia estampa allí, en el sofá naranja. Intuyó que más rato en la casa mataría el encanto, y entonces se decidió a sacarla de la mansión de forma no directa, sirviéndose del viejo truco de siempre.

—Dígame —dijo—. ¿Dónde se puede comer bien? O mejor, véngase usted conmigo, ¿ya?

No había nada destacable a no ser el exceso de servicio y la impenetrabilidad de las ventanas que daban a la noche y seguramente al mar. Cecilia estaba encantada con los modales del viejo, con su peculiar forma —autoritaria y educada— de comportarse, que ahora, mientras estudiaba detenidamente la carta, encontraba idéntica a la de Miguel. Creía incluso hallar cierto parecido físico, la fortaleza tal vez, entre ambos hombres a quienes sólo la edad separaba. Por el contrario, experimentar en directo la desinhibición, la soltura del padre, ponía al descubierto la agresiva timidez, la tensión e impertinencia de su huésped español, del colectivero sabio. Lo recordó, lo imaginó trabajando de lechucero, pues ya eran más de las once y sonrió indulgente, cariñosa. Estaba demasiado iluminado el restaurante, demasiado familiar para una cena a dos. El continuo deambular de los camareros, los gritos de ricos maleducados y prepotentes, la misma falta de variedad de tan larga carta, la hacían sentirse un poco culpable por su elección. La carne la había atraído, el recuerdo de su sabor en un país donde resultaba un carísimo producto y se arrepentía al caer en la cuenta de que él apenas probaba bocado, bebía no más. Se alegró cuando le vio vaciar un nuevo vaso de vino y decirle, brillante la mirada:

—¿Sabe? Hace poco me estaba emborrachando solo aquí al lado y ahora, ya ve, me encuentro frente a la mujer más deseable de Lima.

Cecilia poseía la capacidad de saber valorar casi todo. Hallaba elegancia, valor o inteligencia en situaciones y hombres opuestos, y eso le permitía en este momento, un poco mareada por el vino chileno, entusiasmarse con el viejo vestido de blanco que la cireaba diciendo cosas impropias de un rico mafioso. Volvía a pensar en Marco. Marco traidor, pájaro de cuenta convencido de que ella ignoraba la existencia de otro nido. ¿Creía acaso explicar sus desapariciones, las largas ausencias, a través del humor fluctuante, de una especie de vitalismo exacerbado? Una oleada de cariño maternal la invadía al imaginarlo tan ingenuo y limpio, pero también se estaba encariñando con el viejo cuyo cuerpo oculto bajo el traje blanco ansiaba conocer. Notó un cambio de tono, mayor crispación, en el monólogo de los postres, que se abismaba imparable por zonas serias. Decía Luna padre rajando contra los psiquiatras: «¡Ologos de mierda! Todo lo admiten: homosexualismo, bestialismo, trastornos de verdad, locos, vamos, pero no trabajar, absentismo, desprecio por la historia de la mezquindad, eso ya no. Lo único que saben y deben hacer es recetar pastillas para la histeria, para la tos del alma.» Le pareció encantador aquel entusiasmo senil, romántica su figura de anciano elegante y escéptico —hijo puta por inteligencia, no por defecto— y, sin saber cómo, Cecilia se encontró acariciándole la pernera del pantalón por debajo de la mesa del restaurante con su pie descalzo. Cesó el otro la perorata y la miró de abajo arriba, un rostro moreno rematado por algún rizo disparado.

—¿Salimos? —le preguntó don Miguel Angel y al mismo tiempo chistó al camarero.

Condujo despacio por Armendáriz, fumando en silencio, contemplando una vez más los escasos matices de la avenida mal iluminada. A su lado, Cecilia miraba fijamente al frente. Don Miguel Angel pasó de largo ante la casa y dobló en Sáenz Peña, dejó deslizarse el carro por la suave pendiente y lo cuadró en el malecón. Bajó y le abrió la puerta. Caminaron hasta la barandilla, hasta unas escaleras que conducían a un mirador más próximo al vacío, y se sentaron cara a la playa oscura. A la vieja usanza se empeñó en dejarle su saco, se lo puso encima sin pasar las mangas y luego mantuvo una mano peregrina abandonada sobre su hombro.

—Soy un extranjero, créame Cecilia —susurró—. Aunque yo no soy hombre de mar, sé que éste no es el mío. ¡Qué tal Pacífico! —añadió señalando la franja blanca donde reventaba el oleaje.

En aquel romántico escenario Cecilia se sentía ahora incómoda. Los efectos del vino y de la conversación del viejo habían remitido. La imagen de Marco, la de Miguel sobre todo, se imponían. Estuvo, pues, fría, se desdijo en silencio del pie bajo la mesa. Por instinto adoptaba la actitud femenina de estúpida inconstancia en el valor y Luna la olía, la notaba en medio de la noche como un agravio, le adoloría el brazo posado sobre el hombro muerto.

—Vamos, señorita —dijo—. Es tardísimo.

Subió las escaleras delante de ella, en mangas de camisa —blanca aparición de mediana estatura—, más de punta si cabe los rizos, dándole el cogote. Luego la acompañó a casa. No voy a entrar, se dijo. ¿Para qué? ¿Para revivir situaciones de adolescencia y de larguísima juventud? No, a mi edad no. ¿A qué viene malhumor ahora si nada me ha negado, si incluso los dioses me ofrecen la posibilidad de salvar mi imagen, de no quitarme el traje blanco? Ante la puerta —la llevó cogida de un brazo hasta la misma entrada— rehusó la invitación de pasar, de conocer al hijo por sorpresa. Quedó parado frente a los vidrios de colores, y cuando ella le ofreció los labios se quitó el pitillo de la boca y la besó en la mejilla. Se despidió sonriendo:

—Cecilia, perdone que se lo diga, pero entre caballeros es costumbre terminar la partida.

Ya en el coche abrió la guantera y sacó una caja de puros habanos. Tomó uno y lo encendió calmoso. Veía iluminada la ventana del salón. Recordó la frase del viejo Falstaf oída hacía poco en la Residencia a través del televisor por monedas: «Qué triste es que sobreviva el deseo a la potencia.» Arrancó mirando fijamente al frente.

XI

Los días transcurrían calmos y tediosos, en hilera, pegando el morro al culo del de delante, sin que alegría alguna, inspiración o fuerza sacudieran a Miguel arrancándole de aquella veraniega rutina iniciada al grito de la cacatúa. Aplicaba los restos de su rigidez a hacer horas, polvorientas horas de colectivo con cuyo beneficio iba pagando la deuda del póquer y tomaba unas pocas cervezas al anochecer en compañía del Muerto y sus colegas. Sólo gozaba de contacto humano cuando, tímidamente, accedía a acompañar a Cecilia y Marco en la última conversación frente al ron y los ventanales abiertos. Salía de la casona muy temprano, legañoso y mal afeitado, desayunaba en el mercado de Barranco pues aún no había vida en la casa —tampoco Angélica madrugaba de ese modo—, y pese a que cada vez pensaba menos no dejaba de sorprenderse al ver convertido en costumbre lo que hacía pocos meses constituyera exótico espectáculo. Ni el Pacífico, ni las razas diferentes, ni la lengua eseante, ni los sucios mozos tan vestidos de blanco, ni siquiera los jugos tropicales o los malecones conseguían desentumecer su ánimo alelado. Hacía semanas que se iba secando falto de pasión, carcomido además por envidia de la pareja amante y riente. Por eso se sorprendió Cecilia aquella noche cuando él entró, algo encorvado, oliendo a cerveza, y al avisarle de que había un par de cartas para él se puso nervioso.

—Te las guarda el cuñado de Marco en el restaurante. Podías

dar de una vez la dirección de aquí. Te sería mucho más cómodo —le dijo.

No llegó a sentarse, la besó en la mejilla y salió sin cerrar la puerta de la calle. Poco después oyó Cecilia el ruido del pontiac al arrancar frenético.

Al cuñado de Marco le costaba llegar a formular directamente la pregunta. No se explicaba por qué. Si un tipo era capaz de hacer el colectivo, bien podía hacer de maitre, ¿o no? Estaban sentados en un patio interior convertido en jardincito tomando un par de pisco sours y fumando. Le había invitado a cenar ají de gallina, la especialidad de su restaurante, y ahora, como borrachos, bebían el aperitivo de postre. Luna se entregaba al momento de felicidad obstinándose en mantener el cerebro en blanco de modo que la ética no acudiera a analizar los motivos miserables de aquella inesperada alegría. Por primera vez desde hacía tiempo se sentía hedonista, disfrutaba de la brisa miraflorina, del puro y hasta de la compañía, como demostraba el hecho de que, en lugar de responder violentamente a la ignominiosa proposición del restaurador, se había limitado a declinar el favor sonriendo. De tanto en tanto metía una mano en el bolsillo y acariciaba el enorme fajo de billetes suyo, o, con la otra mano, tocaba la carta de la amiga y la notita del padrino Martín que acompañara al giro y que reposaba ahora en el bolsillo de su camisa azul.

Media hora después llegó Marco a recogerle —su aparición fue un fulgor de la camisa a cuadros— resoplando, jugueteando con la copia de las llaves del carro, congestionado por la larga caminata, y a la primera ojeada se convenció de que algo pasaba. Ya al oírle la voz por teléfono, el tono eufórico, notó alteraciones, pero el brillo de los ojos de Miguel se lo confirmaba. Se sentó a la mesa y tomó un trago con ellos, encarando la vereda para apreciar el paso de las muchachas nocturnas y de los carros de importación. Pronto le informó Miguel del motivo de la alegría, la plata inesperada con la que le pagó el resto de la deuda de póquer. Juntos asistieron a los consejos financieros del cuñado, se mordieron los labios para aguantar la risa, se bebieron su pisco. Es un cojudi, repetía Marco a la oreja de su amigo mientras el cuñado se abismaba en el terreno de la confidencia y desarrollaba conceptos tales como el amor de padre. Al fin les dejó libres —exhibió su mole sudorosa al levantarse— y partió desganado hacia su propia esclavitud, la hermana-madre con su secuela de hijos.

Iban apagándose a sus espaldas los farolillos de las mesas del jardín, la gente no desfilaba ya por las callejuelas de aquel rincón de Miraflores, era noche de dormir y los dos amigos se levantaron perezosos, hicieron crujir la grava bajo sus pesadas pisadas y se dirigieron al pontiac. Luna condujo como un adolescente pituco, derrapando, dando timonazos que convertían al coche en una barca, acelerando por la bajada al mar, alborotado el cabello, ciego a causa de los faros de los coches ascendentes en la cara. En la Costa Verde la carretera aparecía jalonada por carros aparcados, a oscuras, cerradas a cal y canto las portezuelas, donde sólo la música de radio indicaba la existencia de fumadores de marihuana, de parejas amándose en una ciudad que desconocía los pisos de estudiante. Dejaron atrás merenderos desiertos, luminosos, y esa fue la última luz que vieron antes de tomar las primeras curvas en dirección a la Herradura. Marco alargó una mano y apagó los faros, miró luego al frente, hacia las sombras azuladas, hacia la espuma blanca del mar a su derecha. Se sentían ambos interpretando un sueño estoico, belleza y muerte aunadas, camino de cerrazón y de armonía, callaban y en las vueltas el mar se colaba por las abiertas ventanillas. El campo de luces les hizo pestañear, su brusca contemplación —burdel marino— apañó un retazo de realidad rara. Luna condujo despacio para poder estudiar los bares y restaurantes alineados frente a la playa, astrosos, vacíos, con adormilados camareros bostezando en las barandas, música de rockola profanando la serenidad de la noche, algún guardia gordo, de gorra torcida, bebiendo cerveza helada. Se cuadró frente a una terraza donde había unas pocas mesas despintadas y un fulbito y donde el azar había dispuesto que sonara un vals tristón. Analizaba Marco, frustrado poeta, las palabras que se desgranaban saltando y rayándose en la rockola antigua, sin decidirse a bajar del coche, y oía disgustado llamar víbora a la pérfida amante, se indignaba contra aquella huachafería tan dramática que casi destrozaba el encanto de la tonada y la voz aguda. Se apeó por fin acompañando con un portazo el último eco de guitarra atiplada, en dos zancadas subió las escaleras, se apoyó en la barandilla de un verde desteñido por el viento marino y la sal haciendo oídos sordos a las llamadas de Luna que ansiaba iniciar partida, se mesó el cabello crespo, miró pensativo, enorme, casi romántico sin embargo, el mar invisible. Le sacó de sus ensueños un mozo serrano al depositar con fuerza las dos botellas de cerveza sobre la mesa de madera. Brindaron y bebieron por turnos, en un solo vaso.

—Me gustaría ser pintor, zambo —dijo Luna—, para guardarme estos colores, el contraste de luces.

—¿Y con los olores, los sonidos, qué harías? —preguntó Marco apurando de un trago el último vaso de la primera cerveza y botando luego, a sacudidas, la espuma—. Me temo que el único sistema es apretar la memoria para que te quede bien grabado.

A la tercera partida se quitaron las camisas —se habían bebido ya otra cerveza—, tensaron los músculos de brazos y piernas, desconectaron los oídos proscribiendo de este modo la música sugerente y, descalzos los pies, pateando el serrín del suelo, corrían de un mando a otro para golpear con los minúsculos futbolistas la pelota irregular tratando de alojarla en la portería contraria. Sólo breves instantes —el lapso que iba desde la entrada de la pelota en el agujero enemigo hasta el posterior saque de centro— disfrutaba Miguel de la belleza del entorno, tomaba conciencia de su dicha. Aprovecharon un momento de empate para sentarse y se dispusieron de forma tal que pudieran contemplar los dos la playa negra y la blanca cinta de las olas reventando. Fumaban entre compases de guitarra, apoyados los pies en la baranda, y sólo el ruido de un único carro rechinando al abordar la curva del túnel de salida fue capaz de despertarles haciéndoles tomar conciencia de hambre física.

Unos cuantos pasos bastaron para llegar al Nacional oscuro, impenetrable, de dormidos camareros en el mostrador de la entrada, de una pareja pobre besándose en el todavía más oscuro salón interior, cerrado al mar por gruesas cortinas corridas, donde la pista de baile solitaria creaba sensación de fin de fiesta. La escasa luz tenía allí extrañas propiedades, teñía de azul eléctrico y de blanco intenso los rostros de los dos amigos, los platos y la comida, disimulaba en parte la fealdad de los cuadros dispuestos en las paredes entre marineros adornos, desaparecía casi del todo en la pista de baile, y se convertía por fin, junto a la rockola, en un mágico resplandor dorado. Pidieron un par de platos de pescado, cenaron en silencio y luego mandaron traer una botella de pisco entera y un montón de monedas para la rockola. Sentados frente a frente, entre tinieblas y feos brillos de cuadro de escenas típicas —norteños con pañuelitos bailando marinera—, mecidos por música de mar y disco rayado, se mantuvieron sin hablar, cada cual pensando en lo suyo. A la media botella una horrible certeza invadió a Marco.

—Hermano —dijo—, ya no amo a la Niña.

Inmediatamente se sobrepuso al momento de debilidad, rió con su carcajada atronadora, escupió un poco de pisco al resoplar, contó anécdotas de la novia caída en desgracia, pero pronto se percató de que su amigo, con increíble cabezonería, había conducido la conservación a territorios próximos al oro. Le supuso borracho del todo cuando le oyó decir:

—Desengáñese, sólo el oro compra ilusiones largas: mujeres o sauna. Sólo él libera.

Agradecieron abandonar el Nacional cerrado; la bofetada de sal, noche, rumor a mar, disipó un poco la sorda borrachera. Caminaron por la arena dejando a sus espaldas el brillo fantasmal de los reclamos, los nombres de los negocios segados por letras fundidas, la música. Se detuvieron junto al agua. Las estrellas de otro hemisferio se combinaban en el cielo, Luna las miraba mientras una sensación de desamparo le iba poseyendo sin que su cerebro, presa del alcohol, pudiera reaccionar. La humedad de la noche, los nervios, le traicionaban arrastrándole a la sensiblería. Bebió a morro un largo trago de pisco y pasó luego la botella a su amigo, instándole a vaciar lo poco que quedaba. Marco bebió a su vez. Después, mojándose zapatos y pantalones, arrojó la botella al agua. No oyeron más que un leve chapoteo, les fue imposible verla flotar. Entonces sacó Miguel las cartas, en aquel lugar donde no había luz para leer y se las mostró a Marco.

—Mira, zambo —dijo con voz que sonaba rara tras el silencio prolongado—, me escribieron.

Se oyó el rumor de unas pisadas aceleradas ahogándose en la arena, luego Miguel sintió un tirón en la mano extendida y vio correr a Marco en dirección al mar llevándose la nota del padrino y la inédita carta de la Niña. ¡Quieto! ¡No seas cojudo!, rugió, pero ya era tarde, le llegaba a los oídos el chapoteo de un cuerpo grande entregado a las olas.

Marco reapareció poco después muy serio.

—Se mojaron —dijo.

Casi con felicidad Luna le pegó un solo puñetazo seco.

—La de la Niña no me importaba, pero la del padrino sí —explicó, mientras se ponía en guardia.

Cada vez sentían más los golpes y el cansancio. Se movían girando como osos, sin hablar, resoplando, dando torpes trompadas que en su mayoría iban a parar al vacío. Permanecieron largo rato disfrutando de aquel juego brutal y quizá lo hubieran prolongado aún más. Sin embargo, en uno de los avatares del combate cayeron al agua, la tragaron, el oleaje al reventar contra la playa les revolcó abrazados. Entonces Marco preguntó:

—¿Ya pues, hermano?

—Ya pues —contestó Miguel.

Se sentaron los dos en la arena frotándose el cuerpo adolorido, Marco le entregó los papelajos empapados y él hizo pedacitos aquellos mensajes venidos de allende el mar, motivo de disputa.

De nuevo el carro musical, de abiertas ventanillas, recorriendo calles afantasmadas guiado por los torpes pies del conductor, prudente sin embargo, que lo mantiene por el centro de la desierta calzada. Llegaron hasta la Diagonal, cuyas luces aparecidas de repente despertaron a Marco, a través de callejuelas y largas avenidas negras. Había sitio frente al Haití y allí se cuadraron. Bajaron disimulando, recorrieron mirando al cielo la hilera de mesas donde debía de haber más de un conocido —dos o tres niñas incompatibles, por lo menos, pensó Marco— y se detuvieron para deliberar. La primera idea de Marco, nacida en la Herradura bajo la égida del pisco, se desvanecía ahora ante la fuerza del hábito de sociabilidad, «su peculiar hipocresía» como llamaba Miguel al instinto de guardar siempre las apariencias que regía la conducta del amigo. Sin embargo, haciendo acopio de valor, empujó la puerta del Golden y se lanzó escaleras abajo seguido por el otro. Al principio no vieron sino una barra iluminada cercada por algunos taburetes altos y por sombras espesas. Luego, una vez acostumbrada la vista a aquel antro de lujo, pudieron distinguir detalles: el terciopelo de las paredes, el suelo enmoquetado, botellas de lindos colores, camareras bellas. Una de ellas les atendió solícita y sonriente, sorprendida de la facilidad con la que habían consentido en invitarla, se les apalancó enfrente, separada sólo por la barra, y les sirvió el mejor pisco del local. Luna creía hallarse en el Walhalla. Ablandado por una existencia muelle y por el alcohol proscrito, sentía brotar lo peor de sí mismo, el gusto por la degeneración, la poética del fracaso, ese sentimiento que, ya en su última etapa madrileña, le hiciera frecuentar burdeles y bares de alterne. Charlaban los dos con la camarera. Marco, práctico y sentimental a un tiempo, intentaba seducir con el fin de contentar su vanidad, su bolsillo y su corazoncito; Luna, menos espontáneo, hablaba torpe y voluntarioso guiado por dos designios opuestos. De un lado, mostrarse antural con una puta para diferenciarse del común cliente, despreciable individuo movido sólo por el sexo. Del otro, dejar bien clara la naturaleza de aquella relación comercial y jerarquizada —pagante, pagada— que para nada exigía fingidas demostraciones de placer de ella o arte y paciencia eróticas de él. Acodado a la barra, más borracho si cabe media hora más tarde, Luna seguía pensando en este tema apasionante y se preguntaba si ella, debido a su universalización en aquellas tierras, notaría el doble valor —distanciador y de respeto— que él le confería al «usted». Marco, reanimado, seco por el aire acondicionado, abordó al fin el tema directamente y propuso a la camarera que se buscara una amiga y les acompañara. Poco después discutían precios dos contra dos, separados por la barra. Estaban hartos de esperar, de pisco, de oír la música dulzona, así que pronto llegaron a un acuerdo, incluso con el encargado del local, para poder salir antes de la hora de cierre. Ya en la puerta surgió otro problema: dónde ir y cómo. Dudaron un instante —Marco llegó a pensar que la infinita tolerancia de Cecilia les permitiría disfrutar de la casona de Barranco— y decidieron por fin acudir a casa de los padres de Marco, eso sí, por separado. Salieron, pues, los dos amigos a la calle, a las luces de la Diagonal, y caminaron rápido para aguardar a las muchachas que acudirían al lugar de la cita en un taxi cuyo importe se incluiría en el precio total de la operación. Unas ráfagas de viento templado, amaestrado, subían desde el mar recorriendo el Terrazas, contaminándose de olor a red de tenis, a vestuario de lujo, y, sintiéndolas en el rostro encendido, Miguel se despejaba por momentos. Al primitivo entusiasmo ante una noche de amistad y sexo lo sustituía ahora la violencia de un hogar con padres, el fantasma de la tensión asustando en el lecho. Pidió explicaciones al radiante joven que marchaba a su lado, erguida la latina cabezota, sudoroso de nuevo lejos del aire acondicionado, y escuchó aterrado palabras tranquilizadoras e improvisadas: «Mandaremos a la chola a la cocina y nos quedaremos en su cuarto. Hay dos camas, antes teníamos cocinera. No te preocupes, zambo. Los viejos duermen en la otra punta de la casa. Además él está sordo y ella toma somníferos.» No le quedó más remedio que seguir adelante. Como pudo ahuyentó sus temores gozando al principio de la belleza de aquel barrio rico y pasado de moda en la noche azul, estival, y conforme se dejaba mecer por la paz de la zona se le descomputaban recuerdos que afloraban cargados de adolescencia en busca de un escenario tan idóneo. Llegaron por sorpresa al apartamento de los padres de Marco, residencial, rico y limpio, de dormido portero uniformado. Parados en la puerta aguardaron nerviosos a las ninfas, luego, al constatar su tardanza, dejaron instrucciones al portero y bajaron unos cuantos escalones en dirección a la luz de un bar abierto. Se tomaron dos copas mientras jugaban a los dardos, absurdo juego en Lima, irracional como el mismo barrio donde tenía lugar. Pagaban a cada tirada haciendo ostentación de billetes nuevos ante los ojos sin brillo de los dos camareros de noche, se concentraban en la diana hasta el punto de olvidar a las chicas del *Golden*. Cuando subieron las hallaron menos bellas, castigadas por la espera y una luz normal, malhumoradas, pero ya en el mismo ascensor las payasadas de Marco surtieron efecto y las oyeron reír. Entraron en el apartamento por la puerta de servicio precedidos por Marco, que se llevaba un dedo a los labios reclamando silencio. El apartamento estaba a oscuras, aunque pedazos de luz de farola que se colaban a través de las limpísimas cristaleras permitían apreciar una sala lujosa adornada con mal gusto contenido, donde abundaban porcelanas, alfombrones, jarrones raros. Permanecieron allí, sombras desconcertadas, hasta que el anfitrión empujó una puerta de batientes y les condujo a la cocina.

—Voy a poner a refrescar una botella de champán —anunció—. Ahora aguarden un segundo. Despertaré a la chola.

Las chicas picoteaban galletas, por un ventanuco llegaba el rumor nocturno de carros borrachos, y para su desgracia Luna volvía a reconocerse, los efectos del elixir se esfumaban. Mediante un tremendo esfuerzo de voluntad ahogaba bostezos, trataba de enaltecer —realizándose autopropaganda— la delicada misión a cuya prueba iba a someterle la noche todavía. Regresó por fin su amigo seguido de una muchachita adormilada, y les anunció que la habitación nupcial estaba lista ya. Nada más entrar en el cuarto de servicio, Marco se desnudó con el fin de combatir su natural calor endémico y aprestarse al sexo relajado. Estaba demasiado borracho el español para inhibirse, reía viendo la angurria de su amigo empeñado en meter a las dos chicas en el minúsculo lecho. Una se escapó dándole una manotada y acudió a los brazos lunares. Desde el catre plegable oía éste los constantes berridos de sus vecinos que le incitaban a la risa y le desconcentraban. No le cabían los pies; se guiaba por el tacto y el resplandor del fluorescente de la cocina. Habían cesado ya los clamores triunfales de los otros dos, pero él seguía luchando gracias al alcohol y a que su cerebro no se concentraba en el juego, iba más allá en pos de un placer mental fruto de la racionalización de aquel momento extraordinario.

—El champán, viejita —ordenó Marco a la empleada cuando

una repentina ausencia absoluta de crujidos le reveló que Miguel lo había conseguido.

De nuevo en la cocina en compañía de la cholita asustada y muda —apenas un bulto en un rincón—, la sensación de frío y de noche se le apoderó a Luna. Se estremeció de la primera tristeza pura, copa de champán en mano, sonrió escuchando los rumores provenientes de la habitación recién abandonada donde Marco intentaba antes de tiempo reanimar sus ardores y no pudo evitar pensar cosas amargas.

Miguel oscilaba entre la indignación y la risa, mirando al frente, dejando perderse la mirada por las sombras del jardín urbano. A su alrededor, los pocos clientes y los mozos de siempre tenían ese aire ausente que los hindúes atribuyen a los ya muertos sin saberlo. El menor ruido, un plato, un vaso repicando en una mesa o en la barra, sacudía como una ráfaga de viento a los noctámbulos instalados en la vereda, de ojos afiebrados, inquietos, gentes sin hogar en su mayoría. Marco tomaba la del estribo —un martini con ginebra— guardando estricto silencio, picado por la negativa de Luna, que tomaba un jugo de papaya, a acompañarle en la copa.

—Eres irrecuperable —dijo Luna poniendo fin al prolongado silencio—. Un auténtico obrero del sexo. ¡Hacer gozar a las putas! —Bebió un último sorbo de papaya chupando con la pajita y despertando el salibáceo ruido del culo del vaso—. Eso es tener alma de esclavo.

Marco permaneció callado unos segundos. Sin embargo, la expresión de su rostro se tornaba más apacible y placentera. Además se le hinchaban los carrillos de risa. Cuando finalmente habló, se reía.

—¿Y lo tuyo? Parecías un súcubus. No sé cuál sea para usted la idea del placer, pero de seguro eres carne de psicoanalista, un reconvertible.

A lo único que aquellos dos tipos no podían resistir era a su propio humor, al espíritu burlón y posesivo cuyo maleficio les había conducido allí, a esa mesa de bar a punto de cerrar. Subieron juntos al pontiac, más amigos que nunca y, mientras le llevaba a Barranco, Miguel se admiraba de la capacidad de ilusionarse de aquel sudoroso paticorto empeñado ahora en acostarse con Cecilia.

XII

Ahora era verano de verdad, el del calendario, rebosante de calor y de sol en pleno apogeo, un verano que había admitido a Navidad en su seno y se aprestaba a hacer lo mismo con Nochevieja. Para Miguel, dedicado desde la llegada del giro al *dolce fare niente,* los días se dividían en dos partes claramente diferenciadas: una larga pausa de innumerables horas en pijama, y dos o tres horas nocturnas de actividad cervecil en cercanas terrazas barranquinas, vestido y duchado. Nochebuena había transcurrido casi familiar en el restaurante del cuñado restaurador, con algún recuerdo de Elena y del Madrid de las castañeras. Sentados en su jardincillo miraflorino, bebieron pisco sours y regular champán chileno, bailaron con mujeres de mediana edad, devoraron una excelente cena y bromearon hasta las doce. Después, los dos amigos acudieron escopeteados al caserón donde Cecilia —que detestaba esas cosas—, libre de niñas, leía poetas metafísicos ingleses vaso de ron en mano. Nada más hubiera podido contar Luna de aquellos días, quizá señalar que ya no disponía del pontiac a su antojo pues, al no trabajarlo —se limitaba a ejercer de lechucero ocasional—, el amo lo había reclamado para su propio ocio, y también que había adquirido, gracias a las matutinas lecturas de diarios, mayores conocimientos sobre su país adoptivo. Estaba al tanto, por ejemplo, de que los pobres y sus estudiosos andaban a la sazón muy agitados —el teléfono sonaba en la casona a partir de las 6 a.m. y oía a la somnolienta Cecilia hablar de graves acontecimientos con diversos compañeros mientras Marco puteaba desde la cama de matrimonio—, que las cooperativas funcionaban mal debido al *homo homini lupus* y se sabía los nombres de los políticos en activo. Incluso pudo ver una mañana, sentado en el parque Salazar y haciéndose lustrar los zapatos, a un viejo de aire apacible y vulgar, en quien Marco, brincando a su lado, dándole codazos, reconoció al anterior presidente de la República. Marco, por su parte, apenas se dispersaba en el amor. Pasaba las noches con Cecilia, dormía siempre en la casona y por la mañana desayunaba en compañía de su amigo, al sol del patio descubierto, lanzando ojeadas impacientes a los naipes encerrados en su jaula de plástico. Jugaban luego sin parar a lo largo de toda una jornada laboral que la patrona consumía en su lugar de trabajo, haciendo una breve pausa para el almuerzo y diciendo de tanto en tanto alguna cosa amable a las niñas pegajosas. Era frecuente, ahora, encontrarse a las niñas, serísimas, sentadas en las baldosas del salón de baile, cara a cara, jugando al póquer con unas sucias cartas y diciendo mientras apostaban: yo soy Marco, yo soy Miguel. Esto hacía mucha gracia a Cecilia —de hecho se reía a carcajadas viéndolas—, no así al padre de las criaturas quien, al personarse a primeros de mes para hacer entrega del cheque clásico, fruncía el ceño y las observaba malhumorado como el padre educador que en alguna medida era.

Había momentos de profundo hastío, especialmente tras horas de cartas insulsas, de juego monótono y sin avatares, o bien cuando Cecilia, cuya existencia daba sentido a aquella pareja de haraganes, anunciaba por teléfono su intención de acudir a alguna reunión política o a una cena de publicitarios. Entonces se les caía el mundo encima, el solo anuncio de la ausencia de la Amiga a la hora de las cervezas vespertinas —otra vez cara a cara contemplando sus caras harto conocidas y masculinas— les anonadaba. De inmediato Marco liaba un cigarrillo de marihuana mientras el español se tironeaba los largos cabellos que le aparecían por detrás de la oreja. Solía ser en estas ocasiones, oprimidos por las dimensiones de la casona vacía, por su propio aburrimiento y soledad de inmortales, cuando se lanzaban al mundo exterior y diurno. Dos opciones espaciales se les brindaban, de entre las cuales escogían al azar o dominados por el humor dominante. La más frecuente era la de la caminata destensadora, sin rumbo, absurda en hombres maduros. Emprendían la marcha por la avenida, dejaban atrás la Municipalidad de Barranco, con su hermoso parque cuyos setos resultaban incapaces de procurar alguna sombra gentil, y el placer de ambular comenzaba de hecho al adentrarse por el paseo flanqueado de viejísimos árboles y casas preciosas, reminiscencias de tiempos de balneario, que llevaba a Chorrillos. Luego aquello se convertía en un sueño compulsivo, mover y mover las piernas al sol de la Costa Verde o subiendo las pendientes desérticas camino del Morro Solar, en cuya cima nunca dejaba Miguel de pronunciar alguna parrafada burlona dedicada a la gesta que el Morro recordaba. Otras veces sin embargo agarraban el pontiac y se encaminaban hacia «Chicago Chico», el hamponesco Surquillo de las mil bellas cantinas. Era su peculiar descenso a los infiernos. Se complacían en recorrer los lugares más comprometidos amparándose en su mole y el poco que perder. Escogían siempre los bares más siniestros, las cantinas con peor concurrencia y se emborrachaban allí, meaban en las paredes-water, tan inmundas y cómodas, terminaban casi siempre por hacer amigos, criollazos con quienes solían jugarse y ganar las cervezas a un pulso. Se habían instalado en aquel tipo de vida con naturalidad, tanta que apenas sentían la extrañeza y desaprobación que ésta provocaba entre sus conocidos, políticos o no, burgueses en definitiva. El cerebro lunar estaba prácticamente seco, en nada trabajaba, ni siquiera en intentar comprender algún libro. Sólo se interesaba por las crónicas policiales, las letras de valsecito, los poemas de los poetas a quienes frecuentaba.

Ayer mismo, para su desgracia, había estado con ellos y ahora lo recordaba metido en su cuarto, sudoroso y jadeante, tenso, despierto desde las seis a causa de la cacatúa, atento a algún ruido que revelara la presencia de Marco o Cecilia en el patio de desayuno. La víspera, ayer, salió poco antes del mediodía en dirección al Centro, a Correos Central, para ver si tenía alguna carta en la

Poste Restante. Dejó el pontiac a Marco y él cogió la lenta 2 amarilla y cálida. Después de comprobar en Correos que nada había, regresó a San Martín a través del Girón de la Unión abarrotado de ambulantes y fue allí, bajo los soportales de la plaza soleada, donde se encontró al Muerto Quintana.

—No tengo plata, viejo —le saludó Miguel, a la defensiva.

Pero no la necesitaban en aquella ocasión para tomar las primeras cervezas en la cantina fresca y oscura a donde le arrastró el poeta, pues hoy estaban todos invitados. En una mesa del rincón vio Luna al alegre grupo de vates canallas en compañía de un zambo desconocido, gordo, con camisa de lunares. Este era —pensaba hoy— su último recuerdo sereno. Andaban metidos en tangos —disputaban tratando de dilucidar las letras, cosa difícil en las irreconocibles versiones de la añosa rockola— y cuando llegaron el Muerto y él ya habían dado cuenta de un cajón de cervezas. Sentado en un taburete, apoyados los pies descalzos en serrín y líquidos, pensaba Miguel si no sería mejor volver al póquer barranquino mientras se informaba de la identidad del nuevo personaje. Mucho le costó llegar a hacerse una idea, dado que le hablaban en susurros y que las risas constantes dificultaban la comprensión. Se trataba al parecer de un pintor loco, modestamente rico, a quien había cazado Quintana aquella mañana mientras vagaba éste por el Centro en pleno delirio, asustado e indefenso. Temía el negro un terremoto, un feroz temblor estival, cuya inminencia le había inculcado con maldad y tenacidad a lo largo de semanas la tribu de poetas, haciéndole acaparar plata para procurarse una buena huida. Ahora invertían su dinero en juerga, turnándose para emborrachar al loco y tranquilizarle, felices a más no poder de ver realizados sus planes miserables. El pobre tipo reía o lloraba borracho como una cuba y por momentos, profesional empedernido, trataba de colocarle un cuadro a Luna, tan cambiado por su estancia en aquel país despiadado, que hasta se reía también. Luego los poetas empezaron a bailar por el canchón-cantina, sueltos o abrazándose, y poco a poco desgranaron sus gestos y palabras habituales. Al principio el español les encontraba siempre enorme encanto, se maravillaba de su vitalidad, se deleitaba con sus versos recitados profusamente y su proceder irracional. Regalaban plata a mendigos y vendedores de golosinas, la misma plata robada al negro la entregaban a aquella corte de los milagros que surcaba las cantinas en busca suya o de doctores y abogados borrachos. Se sorprendía Miguel viéndoles llorar de repentina pena alcohólica frente a algún exponente de una miseria de la que no se cuidaban para nada en su dimensión más general y política. No les despreciaba en absoluto, por el contrario les admiraba, hallaba arte en alguno de los poemas y en sus vidas cantineras, pero le repelía el exceso de alcohol, el desprecio por el cerebro y lo ritual de su proceder. Particularmente desagradable se le hacía el comportamiento de la tribu en su sujeción a las formas malditas, su empecinamiento en el gesto aislado, su tendencia a la limosna en un país donde todo era una constante pena, su ser selectivos y poéticos en el dolor mundi.

Tuvo tiempo sobrado para contemplarles, heterogéneos, diferenciados en el vestir y el aspecto racial, con terno alguno, de pelos lacios o crespos, mientras tomaban abundantes cervezas. Salieron por fin al exterior, a las humaredas de la terminal de autobuses y colectivos, pararon un par de taxis y Luna se encontró sentado en el asiento de atrás en compañía del pintor loco y de un poeta. El Rimac profundo cobraba a aquellas horas de sol decadente tintes rojizos, de desierto, confundía la luz propia con la que bajaba de Barrios Altos, estaba tristemente hermoso y desolado. El español se empapaba de imágenes que sugerían polvo, se dejaba azotar por un viento urbano cargado de olor a humanidad apretujada. A la luz rojiza rebotada de los cerros se impregnaba de todo aquello antes de las tinieblas inminentes, de la noche igualadora. Bajaron del taxi sin pagar, amparándose en el número y la fuerza, burlándose del taxista impotente; luego, reunidos ya con los ocupantes del otro taxi, se metieron en un bar cuyo nombre poético les atraía como la luz a los mosquitos. Allí, en aquel templo del recuerdo, cambiaron de juego, a expensas del pintor timorato se adentraron en el mundo de los licores diferentes. Una por una apearon las polvorientas botellas alineadas desde hacía años en unos estantes también polvorientos, se sirvieron de ellas y, ya en el paroxismo, iniciaron cánticos. La oscuridad trajo a aquella reunión de hombres un viento cargado de efluvios estivales, un rumor de sucio río que hablaba mal incitándoles a buscar hembra. Entonces Miguel sugirió los burdeles, señoriales territorios donde se da el amor sin más a cambio de monedas, pero ellos se rieron de aquel europeo repentinamente práctico, de un tipo incapaz de alentar deseos de conquista a pesar de su estatura y pelo rubio. No encontraron taxi esta vez, caminaron pues, tirando del zambo borracho y casi arruinado, a través de desiertas callejuelas, hasta una peña de morenos donde sabían que habría mujeres.

Al llegar a la peña, casi vacía todavía, viendo la pésima acogida que se les dispensó, Miguel se preguntó por qué preferirían los poetas intentar seducir mujeres difíciles en lugar de gozar de la seguridad y comodidad de los burdeles. Pronto lo comprendió. Las muchachas servían sólo por su lado poniéndose fuera del alcance de los otros, algún negro recién llegado saludaba. Notó que había cierta historia allí y, conociéndoles, se explicó sus motivos. Preferían pelear por la hembra, tratar de robársela a amigos o conocidos, achucharla en el baile, triunfar en terreno ajeno o fracasar con honra, a la flácida victoria económica sobre la puta. Demasiado acostumbrados a aquel país cuyas casas de lenocinio conocían desde la infancia, no entenderían jamás las estéticas motivaciones de Luna, todo lo más las admitirían poéticamente cotejándolas con lecturas acerca de lugares para ellos exóticos donde el puterío representaba un mundo diferenciador y rebelde. La música se le apoderó con su poder femenino y sensiblero, el estúpido misterio de un cajón movido por mano de negro le emocionó y, bajo aquella penosa impresión demasiado humana, se emborrachó por completo. Fue entonces cuando los vates se divirtieron de verdad viéndole bailotear torpe, gringo, representar una rígida danza de palo. Asedió una por una a todas las morenas que encontró a su paso y todas le rechazaron sonrientes. No cosechó siquiera una pelea. Quedó atontado en una silla, vecino del pintor, convertido en espectador de las payasadas de los poetas incansables. Se sintió más borracho de lo que un héroe debiera permitirse, miserable más que dionisíaco, pésimo, y reunió los chispazos de razón dispersos empeñándolos en un solo deseo. Por fin consiguió ponerse en pie y arrastrarse hasta la puerta, trasponerla agachándose para no golpear con la cabeza y acogerse a la noche. Su instinto de orientación de lechucero entró en acción durante el largo viaje de horas a través de barrios oscuros, de avenidas iluminadas de color naranja. Al principio fueron callejuelas del Rimac jalonadas de grupos peligrosos y enloquecidos que no llegaban a reaccionar a tiempo ante su inesparada aparición, luego halló refugio en las zonas conocidas del Centro, para internarse finalmente por La Victoria bulliciosa, cuyos restaurantes despertaron el hambre adormecida. Se comió un pollo asado, parado en mitad de la vereda, sujetándolo con ambas manos —hasta mucho después, metido en el lecho protector, no se daría cuenta de las quemaduras horribles y grasosas— como cualquiera de los locos desnudos de la ciudad, mordisqueó sañudo el hígado y las entrañas suavizadas por la pimienta, hallando en aquel sucedáneo de bestialismo la trascendencia que necesitaba como droga. A estas alturas no hacía eses, caminaba muy tieso y devolvía el saludo a quienes le conocían de sus noches taxistas, algún barrigudo descamisado sentado a la puerta de cantinas entreabiertas, de luces fantasmales. Se adentró en Surquillo sintiendo los primeros síntomas de cansancio pero comprobando feliz que la borrachera amainaba gracias a la caminata y el pollo. Entonces la voluntad le incitó a no rendirse, a llegar caminando hasta Barranco, al tiempo que, por primera vez en su vida, le nacía miedo de adulto. Temió al barrio desierto, a su propia decisión absurda de recorrerlo, a los ladrones. Un miedo indeterminado, casi físico, se le apoderó y caminó más deprisa descendiendo en zig zag hacia la Arequipa protectora. Se sosegó al divisar el Haití desde la avenida —el ladrido de un perro tras la verja de una lujosa casa le había hecho dar un brinco un momento antes—, se sentó en una de las mesas de afuera rodeado por un público tirando a rubio, manso, encargó bebida a un camarero limpio y bebió temblándole la mano. Le resbalaban por la mejilla lagrimones mitad de borrachera, mitad del descubrimiento trágico: la juventud iba de retirada, permitía incursiones al espíritu de la realidad, a la sensatez. Aquel había sido el primer síntoma. Echó una ojeada a las mujeres bonitas, a los hombres que las acompañaban, y se entristeció más. La mayoría no tenían aún su edad, eran más jóvenes y, peor todavía, nada en común había entre ellos y él. Cuando la vetustez siniestra le atacara de pleno, en nadie podría hallar consuelo; los tiempos habían cambiado malamente, no dejaban el recurso de reconocerse a través de otra generación parecida a la que aconsejar, de quien burlarse. Se había ablandado, había creado molicie, eso ocurría. Se había ablandado por falta de empresas, por desidia, por falta de pasión. Le recorrió un estremecimiento nervioso y el pisco apurado de un trago dejó un surco ardiente en la garganta. ¡Cecilia! Esa era su pasión, el camino hacia la juventud eterna. Pagó y, a pesar del cansancio, de las ganas enormes de verla, fiel a lo pensado, la emprendió a pie por Larco en dirección al malecón, metida una mano en el bolsillo para tocar la plata suficiente para cien taxis, sonriente, complaciéndose en flagelar la voluntad. Armendáriz se le hizo eterna —sentía reventar la ampolla del pie izquierdo—, de pesadilla lenta. Cuando divisó el grifo y el puente de detrás apuró el paso, trotó como un jamelgo al llegar al pienso. No miraba las estrellas prendidas sobre su cabeza, ni la sombra del oasis donde antaño existiera un zoológico, ni la bajada de playas perdiéndose en picado camino de la arena. A punto estuvo de creer en Dios, de gritar de alegría, cuando, al alcanzar la verja de la casona, vio luz en los ventanales del saloncito.

Ahora, al llegar a este punto del recuerdo, sí que se nubló el reflejo del sol de luz blanca, la habitación monacal. Luna apretó los párpados con fuerza, se mordió los labios y notó una especie de contracción muscular en el cerebro. La resaca renacía brutal incitando al sudor frío y la jaqueca, trataba de obtener el olvido a través del dolor físico. Le pareció oír un ruido leve en el patio descubierto, quizá tan sólo una niña hambrienta o juguetona, quizá Angélica. Sin embargo, reconocía aquel rumor de pies descalzos y suaves: era Cecilia. Incorporándose en el lecho se agarró la cabeza con las manos, se pasó los largos dedos por el pelo poniéndolo de punta, miró la copa del árbol vecino dibujándose en la ventana, impasible, llena de paz inorgánica. Así se mantuvo un rato, sin pestañear, hasta que vio decrecer la tensión, las cosas comenzaron a tomar sus dimensiones reales y recordó otra vez, revisó ayer entero. Recordó haber abierto la puerta de la casona sirviéndose bien de la llave, sereno ya en los signos externos, y saludado desde el vestíbulo gritando en dirección al saloncito donde la luz prendida delataba por lo menos una presencia:

—¡Llegué, gentes! ¡Llegué!

Cecilia estaba sola, tumbada en el sofá naranja, leyendo frente a la ventana abierta. Vio Miguel la mesa vacía, sin ron ni copas. ¿Quieres un trago?, preguntó. Sin llegar a sentarse se encaminó a la cocina, regresó con ron, hielo y vaso, y se sentó en el alféizar, de cara a la muchacha.

—¿Y Marco?

—Supongo que está gastando sus juveniles energías en la noche limeña. Luego regresará a dormir, le espero —dijo Cecilia recalcando burlona la palabra dormir.

¿Cómo podía haber protagonizado lo que vino a continuación? De nuevo se agarró la cabeza, se mesó los cabellos, sudó, sintió romperse algo. ¿Era sólo el alcohol, o la horrible vejez, o una mutación debida al clima y la desidia? Recordaba a Cecilia tan deseable, tumbada en el sofá y preguntando, y a él hablando del día —«¡Ah! ¡Con los poetitas! Los adoro aunque Marco los deteste!»—, al principio divertida, hasta que él cambió de tema y se adentró en la personalidad del amigo ausente. Aludió a su capacidad de amar, a la ausencia intrínseca y de ridícula justificación; fingiendo bromas cariñosas se dedicó a denigrarle durante más de un cuarto de hora sin advertir la expresión de asco que había cobrado el rostro de Cecilia. Cuando se dio cuenta ya no podía hacer nada, estaba borracho de nuevo y —ahora en la mañana creía que tal vez eso le había salvado en parte— culminó el proceso de miserabilización al abalanzarse sobre la muchacha que le esquivó con facilidad, le dejó tumbado en el sofá naranja, ridículo, boca abajo, y corrió a refugiarse en la habitación de matrimonio. Quiso entonces Miguel llegar al torreón hendido, cubrir a la chola con su cuerpo atlético, pero a medio camino le abandonaron las fuerzas, le flaquearon las piernas y a duras penas consiguió alcanzar la habitación monacal y derrumbarse en la cama.

Seguía todavía pensando en eso, en pantalón de pijama sudado, cuando oyó la atronadora voz de Marco en el patio.

—¡Uf! ¡Qué resaca, carajo! ¡Qué resaca!

¿O sea que Marco había llegado ayer noche y allí estaba ahora como siempre? ¿Y Cecilia? ¿Se habría ido ya? ¿Le habría contado? Unos minutos después, al salir a desayunar —la chola había aporreado varias veces la puerta y resultaba imposible hacerse el dormido—, se encontró a sus dos amigos sentados a la mesa. Saludó y comió en silencio, clavada la mirada en el plato. Poco a poco se fue tranquilizando, se convenció de que ella no había contado nada y se atrevió incluso a mirarla agradecido. Estaba fresca, bonita, húmedo el cabello todavía; la veía a través de todos los sentidos, oliendo el perfume francés, rozando su mano con la que tendía él hacia el cuchillo de la mantequilla. Las resacas le procuraban siempre una gran excitación y hoy se excitaba ante la presencia de la muchacha, cuyo cuello, devorado por los dientes nocturnos del amigo denigrado, deseaba morder a su vez.

—¿Sabes? Luna se nos mareó un poquito. No le pude contar anoche porque usted también lo estaba.

Marco había movido la silla apartándola del sol, y sonreía desde la sombra protectora exhibiendo huevos revueltos al abrir las fauces. Echó una mirada burlona al español, sombra tiesa, y le dijo:

—Ya te advertí que no fueras con los poetas. No eres criollo, hermano. Lo tuyo es el pensamiento.

Miguel miraba el suelo con fijeza —le caía una crencha rubia sobre la frente dándole aspecto abatido, se reflejaba su rostro hecho añicos en el psicoanalítico espejo roto colgado en la pared de enfrente— dando vueltas a las palabras de Marco. Quizá tuviera toda la razón del mundo. El no era para nada vital, sino un apasionado defensor de los placeres del cerebro y del deseo racional y de la voluntad concentrada en un objeto. Su método consistía en vivir el presente, pero sirviéndose del ordenador para prolongar el gusto de lo vivido, vivir intensamente al tiempo que gozaba pensándolo, tomando conciencia y creándole valores. Por ello, cuando se dejaba llevar por el instinto, como había sucedido anoche, se producía siempre el desastre. Sintió las quemaduras del sol en las manos, vio luego que en la realidad eran recuerdos del pollo ardiente de La Victoria, tomó conciencia del calor y se desplazó junto a Marco. Cecilia se levantaba en aquel momento.

—Bueno —les dijo—, voy a ganarles el pan con el sudor de mi frente.

Quedaron solos en el patio y sentían soledad sabiendo desierta la inmensa casona —Angélica estaba de compras y las niñas con su papá— umbría y señorial. De inmediato Marco propuso iniciar la partida pero Luna no aceptó, adujo sueño. Quería en realidad retirarse a sus aposentos para meditar sobre los sucesos del día anterior, insuficientemente analizados todavía.

Poco después estaba ya en el catre dándole vueltas a los recuerdos recientes y sonriendo al pensar en la forma de operar de la resaca, transformadora de gestos y costumbres. Desde lejos, del saloncito de la entrada, llegaba música de huainos cuyo responsable sólo podía ser Marco trajinando en el tocadiscos. Sabedor de que en condiciones normales odiaba flautas y quenas, se vistió y fue en su busca. Lo encontró haciendo solitarios frente a los ventanales de cerrados postigos. Había una agradable luz indirecta, la estancia estaba fresca. Marco dejó de jugar al verle.

—Anda, préstame plata para ir a los turcos —pidió.

La idea le gustó al español, pensó en duchas, agradables tumbonas, agua y refrescos. Se imaginó como un griego moderno, sentado en una sala de veinticinco grados, con una toalla anudada a la cintura, menos resacoso, jugando al cacho, tomando caldo de choros, y le dijo a su amigo:

—¿Me aguardas un instante y vamos juntos?

XIII

Habían pasado dos días desde la borrachera con los poetas, días abstemios, sedentarios, lentos, y la normalidad más absoluta reinaba en la casa de Barranco. Si en un principio Luna anduvo intranquilo, atento siempre a las reacciones de su amigo, el silencio de Cecilia y la falta de referencias a la noche fatídica acabaron por tranquilizarle. La única consecuencia de su proceder estúpido era mayor agradecimiento a la patrona, a la generosa mujer incapaz de crear insidias, humana, objeto ahora del innatural y voluntarioso amor lunar.

Moría el año viejo a pleno sol mientras los hombres de la casa jugaban al póquer tan amigos como siempre, vagos, sarcásticos, mientras Cecilia se entregaba a la Historia y las playas, y la cacatúa sustituía, tropical y absurda, a las campanas encargadas de ordenar el tiempo allá en España. Tras el desarreglo poético de oscuras consecuencias —se había descubierto una parcela miserable de la personalidad—, Miguel valoraba de nuevo el modelo casi burgués de la vida barranquina de copiosos desayunos, de niñas encoloniadas.

Hoy bromeaba con ellas, les untaba de mantequilla los pancitos todavía calientes, ejercía de padre en función de Cecilia que se había apoderado sin contemplaciones de los periódicos matutinos y, al primer sol, en el patio, en pantalón de pijama, gozaba de una felicidad basada en el día feriado, en la vida familiar y la compañía de la mujer amada. Por tanto, cuando ésta le anunció su intención de llevarse a la prole y le vetó —ya sé que no aguantas las masas—, sintió con claridad su dependencia, se entristeció viendo cómo se le vaciaba el ánimo. Pronto halló sin embargo un nuevo motivo de alegría. Supo que Marco no había dormido allí pues, ya solo, vio trajinar a Angélica por la habitación de matrimonio y disimuladamente se acercó hasta la puerta desde donde echó una ojeada a la cama desierta.

Se hallaba en el saloncito-biblioteca, tumbado en el sofá naranja, pasando la vista por los periódicos gordos y arrugados, pero de nada se enteraba. ¿Por qué no está él? Creía recordar un gesto de enfado en el rostro de la amada y lo interpretaba a su favor, lo interpretaba como problemas con Marco o quizá, mejor todavía, como final de amor. En pantalón de pijama, al aire el pecho enorme y musculoso, de vello rubio, se levantó y puso Mozart en el tocadiscos casi inédito en cuanto a este tipo de música. Se le debía ver desde fuera, desde la alegre avenida recorrida por cholos en ropa de baño, recortada su silueta gringa contra los ventanales, y oír también la extraña música lejana, propia de su raza trasatlántica y sabida. Debía ser un cuadro notable en el Barranco sabatino. De tanto en tanto el rumor inconfundible de verde microbús interrumpía campanilleos, distraía a Miguel de sus ensoñaciones. El cuerpo recostado muellemente sobre el sofá y el cerebro encerrado en aquella casona desierta habían sido felices pocos días antes junto a los poetas orates. Sí, con claridad lo apreciaba. Desintegradora, bellaca, alcohólica y absurda, pero había habido acción, en cierta forma consumió energías, fue natural, mientras que pensando o creyendo hacerlo renacía al revés de sus deseos. En lugar de volverse hacia la naturaleza —la pura o los infrahombres— pretendía renacer en el espíritu profundo de su propio yo apoltronado. La música sedante le hablaba de la vida, le inducía a buscar caminos y, por un momento, creyó encontrar el bueno, la armonía entre pensamiento creador y obrar, la ruta sagrada que permitiera gastar esas energías cuya permanencia le angustiaba. Se arrepintió de su búsqueda de trascendencia en la nada, de la hormiguera actividad de colectivero. Se abría hoy, en la mañana estival, a nuevas percepciones, cuando le despejó el ruido conocidísimo del pontiac subiéndose a la vereda, soltando bocinazos frente a la puerta.

Marco entró resoplando, jugueteando con las llaves del carro, enorme y agitado.

—Libre, hermano —saludó—. Libre y en vías de enriquecimiento, en el camino del oro como dirías tú.

Se dejó caer sobre el sofá, profanó con su aliento incendiario el aroma a flores, a suelos limpios, a frescor barranquino. Vio Miguel su aspecto descompuesto, los ojos enrojecidos, la ropa arrugada, la animación alcohólica a aquellas horas y dedujo que habría pasado una noche sin dormir. En pijama, sobrio, el español asistió a su actuación, le oyó berrear llamando a Angélica, le prestó plata para que pudiera irle a buscar una botella de ron y, cuando ésta regresó armada de la botella, se negó a beber con él. Se sentía de excelente humor, dispuesto a escuchar a su amigo ebrio que por fin había reunido suficientes fuerzas para romper con la novia joven. Definitiva, hermano, sin arreglo posible. Marco se explayaba, bebiendo ron a morro, en la autocrítica. El amor cotidiano es asunto manual, hermano, no de hombres. Era una confesión de psiquiatra, un monólogo interior radiado e inagotable, sólo interrumpido por ruidos de coche o cuando el narrador, eufórico, se ponía en pie para cantar una ranchera diciendo: decían los violines.

Poco antes del almuerzo, Miguel lo puso en pie —se hallaba el otro en las últimas, balbuceante, vidriosos los ojos— y ayudado por Angélica lo condujo hasta la habitación de matrimonio en cuya cama lo depositó maternal. Luego acudió al patio descubierto, comió con apetito y en lugar de retirarse a dormir la siesta se quedó pensando a la sombra, ejercitando su voluntad cerebral. Mala señal es, se dijo, que haya terminado con la novia. Más Cecilia representa eso, pero la parte buena del asunto es buena de verdad. Recordaba meciéndose en la silla, apoyadas sólo las dos patas traseras, fija la mirada en la pared de un blanco intenso, parte del discurso del amigo dormido. La ruptura con la Niña representaba la reconquista del apartamento que los padres acababan de regalarle de anticipado regalo de boda, muchísima plata en la Lima de precios desorbitados. Anduvo dándole vueltas a posibles negocios, bebiendo sorbitos de café con hielo. En un momento de excitación se desplazó hasta su cuarto con el fin de buscar papel y lápiz. Regresó después a la sombra sin brisa del patio y allí se entregó a cifras, a recuentos, a calcular el capital social de la futura sociedad anónima a la cual no acertaba a encontrar campo de acción todavía. Por fin, muy nervioso, se levantó de un salto y corrió a ducharse. Un instante después, abandonaba la casa dando un portazo.

Le deslumbró la penumbra del vestíbulo después de horas de sol. Un momento permaneció parada, absorta, escuchando el rumor de pies descalzos de las niñas que corrían ya por el salón de baile. Cecilia venía alegre, con ganas de contar y lamentó hallar vacía la casona en el mejor momento del día: el crepúsculo estival. Pronto triunfó sin embargo su sentido práctico y se puso a buscar a las hijas enrojecidas y llenas de sal que jugaban por los patios. Entre regañinas y bromas las arrastró hasta el baño, llenó de agua tibia la inmensa tina oxidada y se bañaron las tres juntas chapoteando, iluminadas por el sol poniente detenido en la ventana. Luego salieron descalzas, desnudas, dejando una hilera de huellas frescas y pequeñas sobre los baldosines, en procesión, hasta alcanzar el cuarto materno, también cuarto de armarios. Una poderosa patada de alcohol se estrelló contra sus rostros limpios, un ronquido feroz hirió sus oídos. Esta vez la patrona no sonrió viendo dormir la mona a Marco, boca abajo en la cama matrimonial. Por el contrario, le miró con ira, y las tres, madre e hijas, hicieron ruido abundante al sacar la ropa de los cajones, hablaron en voz alta hasta conseguir despertar al durmiente.

—Ande a tomar una ducha —le dijo entonces Cecilia en tono seco, tratándole como a un niño.

Cecilia estaba intentando leer un libro en el saloncito, prendida ya la luz, vaso de ron en mano, todavía muy irritada contra Marco que ya había salido de la ducha y se vestía en la habitación de al lado, cuando oyó el llavín en la puerta principal. Entraba Miguel saludando, alegre tras un largo paseo a agradable temperatura por hermosos parajes. Comía un chocolate y Cecilia se estremeció de ira, le miró como lo que era para el mundo: un ocioso alimentado a sus expensas. Parado ante el sofá, bello y atlético, con las manos en los bolsillos, vago por antonomasia, sonreía. Ella bebió de un trago el ron que quedaba en el vaso, agachó la cabeza, dejó de mirarle para no gritar: ¡Váyanse de aquí, par de cafichos locos! Sin embargo, la generosidad se le apoderó de nuevo, triunfó el sentido del absurdo, el gusto por la diferencia, y no pudo evitar sonreír antes de abandonar la habitación.

Los dos amigos, sentados frente a los ventanales, en silencio, trataban de no mirarse y, sin osar jugar al póquer, aguardaban el regreso de Cecilia. Apareció al cabo de una hora, tras dar de comer y acostar a las niñas, arreglada, vestida de fiesta. Miguel se hizo ilusiones y preguntó: ¿Salimos a comer fuera? Oyeron su respuesta inquietos, haciendo crujir el sofá, se les apagó el brillo de los ojos. Tengo una reunión política esta noche. ¿Saben? Se está preparando una huelga general.

Contemplaban la escasa vida nocturna a través de los ventanales del saloncito, bebían y jugaban sin el menor ánimo a pesar de la baraja recién estrenada, de sugerentes brillos. Por fin se decidieron a salir y caminaron despacio por la vereda desierta, ya nocturnal, hacia el pontiac. Condujo Marco, mudo y veloz, en dirección a Chorrillos sin que su amigo preguntara a dónde iban, suelto el freno como si de riendas se tratara. Las luces les saludaban con un guiño fugaz, las olas reventando eran siempre la misma, el aire en la cara, colándose a través de las ventanillas abiertas de par en par, una corriente continua. Reconoció el español el fin del mundo conocido en La Herradura —notó reducir la velocidad y pasar algo más lento el collar de luces de restaurantes y bares—, el túnel negro desde donde rebotó el pontiac en dirección a Lima.

—Nada de siniestruras, zambo. Vayamos a un territorio de hombres —dijo Marco.

De regreso, quizás a causa de la música de radio o de su propio estado de ánimo, Luna sintió de repente la sensación de exotismo. Eso y el amor le aturdían de tal modo que los ojos no cumplieron su misión mecánica y al llegar a Larco parpadeó sorprendido. Aparcaron frente al Espigón donde días antes el padre se embriagara y, llaves del coche en mano, original y copia respectivamente, altas sombras rompiendo la suave penumbra de las contadas farolas no fundidas, abandonaron la avenida y se internaron por una calleja. Nada más abrir la puerta azul y ver el inmenso pasillo, aun antes de percibir el hedor que aguardaba dentro, Miguel se entusiasmó con aquel lugar que permitía combinar barrio amable y sordidez. El tugurio se abría a la noche y al cielo urbano en un patio de tierra donde estaban instalados sapos de marcador eléctrico, mesas y pilas de cajas de cerveza. Había también una parte cubierta de cañizo, el salón diurno, cuyo suelo de cemento devolvía ahora el calor acumulado a lo largo de horas de sol. Las calles de sapos se prolongaban vacías hasta la pared del fondo. En una de las centrales, la única ocupada, dos guardias civiles uniformados, de servicio, disputaban una partida a muerte, en la cual se jugaban el pago de las infinitas cervezas amontonadas, ya cadáver, bajo el artilugio de madera y hierro.

Despertaron al mozo y le vieron levantar la cabeza crespa, ponerse en pie y caminar hacia ellos mostrando su cojera. Encargaron cena y un cajón de cervezas como aperitivo y ansiolítico. Nada más sentarse —en una mesa desde la que podían seguir el juego de los guardias— Luna pensó en Cecilia. Al principio lo hizo serio, imaginando la reunión política de la joven, comparando su vida intensa y con sentido a la de ellos dos, los hombres de la casa, cuyo curso mórbido les había conducido al sapo, pero pronto la cerveza desdramatizó ideas y al final atendía más a la música de cumbia y a la partida que a malos pensamientos. Algo después, cuando les trajeron el pescado encebollado, cargado de especias, estaban ya borrachos y risueños y el líquido que les encharcaba les llenaba también de deseos de acción. Entonces Marco, sin levantarse, habló a gritos a los guardias y les retó a un dobles. Cómo no, respondió el más gordo sonriendo, pues veía de repente la posibilidad de trago gris en su noche de sábado. Encargaron un cajón nuevo para trasegarlo mientras se dedicaban a sudar y arrojar las fichas de plomo, descalzos y descamisados.

—A éste les convidamos nosotros —dijo Miguel—. Lo demás le va a tocar pagarlo a la milicia.

Sin embargo, a los primeros compases, se vio que no había color, Marco era sólo regular y Luna pésimo comparado con aquellos asiduos capaces de colocar con admirable precisión la ficha en las cajitas de quinientos y de hacer algún sapo que otro. Al cabo de un rato, el español, harto de aquel juego monótono, bailoteaba siguiendo los compases de la radio estruendosa y salsera en emisión sabatina, botella en mano, bebiendo a morro sin seguir el rito del vaso único. Eran ya amigos los cuatro —brillaban maliciosos los ojos porcinos de los guardias— y de tanto en tanto Marco, burlón, abrazaba a uno de los guardias uniformados y se lo pasaba de un empujón a su amigo. En esas ocasiones sentía Miguel el duro contacto de la pistola en la pierna y vivía la escena como cínica y grotesca. Sólo disfrutó de un momento bueno aquella noche —constantemente se atormentaba pensando que mientras él confraternizaba con aquellos borrachos armados Cecilia preparaba la huelga general—, de una sensación placentera. Había acudido al baño, un encharcado canchón de cemento, donde, sin mirar, tambaleante, se apoyaba en una pared encalada a la que rociaba cada vez de más lejos, retrocediendo despacio. De los sapos llegaba estruendo musical, unas ráfagas propagaban por el baño frescor y hedor a amoníaco, y él se sintió de repente poco importante, casi relajado. Luego, parado ante el principio del campo de tierra, miró sonriendo la calle iluminada, el marcador eléctrico, las cervezas, las tres figuras tan dispares que le aguardaban bebiendo. Ya nada más le procuró la noche en el sapo de Miraflores salvo la sonrisa de un mozo agradecido.

La repentina oscuridad de la calleja les sorprendió tras la puerta azul, humillante para hombres de su estatura. Les detuvo la falta de ruidos y la brisa. Marco se despejó primero, dio unas cuantas zancadas en dirección al vago resplandor de *Larco,* anunció «decían los violines», lo cantó. Luego, sentados en el pontiac —Marco fumaba a tremendos tragos de humo un cigarrillo de marihuana—, desabrochados los tres botones superiores de las camisas, apagada la radio, deliberaron. Ambos querían continuar la fiesta, ninguno de los dos sabía dónde, y a ninguno le quedaba plata. Luna guardaba un montón —oro la llamaba Marco burlándose— en la habitación de Barranco, pero ni hablar de ir a por ella, pues la noche era de «pata del alma» y no de mujeres comprometidas y jodidas. Cecilia estaría ya de vuelta aguardando a sus chicos para narrar tristezas, proyectos para combatirlas, les amargaría la euforia tan lentamente conseguida a pura cerveza. Peor aún: conseguiría crear en ellos, mayores de edad, duros y escépticos, mala conciencia. Les conferiría categoría de inútiles sin más, sin lucidez ni coartada alguna. Marco se quemaba el labio con la colilla apurándola como cholo de cerro, pensaba creyendo que la hierba le daba ideas, movía ligerísimamente los dedos de la mano izquierda, colgada fuera del carro junto con el brazo izquierdo y el reloj de oro.

—¡El chanchito! —gritó—. Guardo en casa de mis padres un chanchito, una manía, ya sabes que lo guardo todo, y está lleno de soles brillantes y sonantes.

La hora tardía les había arrastrado a un elegante lugar de San Isidro, impersonal, cuya terraza con macetas frecuentaron recientemente en la época de las novias jóvenes. Marco había depositado encima de la mesa, al lado del servilletero, una bolsa de plástico transparente repleta de monedas.

—Peor sería volver a dejar los relojitos en aquel antro cerrado —dijo Miguel echando una ojeada a la bolsa.

El recuerdo de las novias jóvenes acudía de la mano del aroma a perfume caro que emanaban otras muchachas próximas, del frescor de la noche, del simple recuerdo de haber estado allí abrazados con ellas. Luna sorbía despacio un jugo mixto —había triunfado la rigidez, no quería más alcohol—, mudo, tétrico, y escuchaba distraído los delirios del otro metido ya en el segundo pisco.

—¿Por qué no nos vamos los dos a Nueva York? —preguntó Marco—. ¿Por qué no nos ponemos una cita en Cairo Street?

Luna joven estiró todavía más las largas piernas, agarró la cajetilla de rubio y, teatral, sacó un cigarrillo, jugueteó con él antes de contestar.

—Porque eso para mí está más cerca que Lima —dijo.

Sin embargo en Lima comenzaba a haber pasado, pensó. Se encontraba en un buen momento, no borracho pero tocado de las recientes cervezas, generoso, y hacía mentalmente concesiones al amigo. También tenía derecho a su particular exotismo, al viaje, al anonimato, a echar la culpa a la geografía. Le divirtió descubrir de repente que para Marco ciudades civilizadas podían representar lo que para él el Chino. Le oía fantasear prestándole cierta atención distante, mientras la tentación de desaparecer le iba seduciendo también a él, mientras una posibilidad real se iba haciendo patente a través del apasionado discurso del borracho. Está el apartamento, zambo. ¡Un chorro de plata, oro, perdón! Apoyándose en esa base real, material, Marco se lanzaba de inmediato al puro delirio. Siempre quise llevar un parche, pata, desde niño. En el ojo izquierdo. Así nadie me va a reconocer jamás. Una cantina en la selva: El Loro del Tuerto. Tendremos un loro cabrón y gracioso. Tú, el Gringo, nadie te conoce; yo, el Tuerto. Luna se levantó de un brinco, agitó la mano encargando una copa al camarero. Se había apasionado. Su cerebro rígido y tesonero se había puesto en marcha a causa de oscuros resortes y trataba de organizar el disparate.

—Mejor sería un hotel con ruleta, ¿no? —propuso—. Y en ceja de selva, ¿no? Menos zancudos, menos calor. O puestos a incomodidades, irnos a Madre de Dios, a ese laberinto del oro.

Estuvieron un rato en Sáenz Peña, le dieron la cara al mar de siempre en el malecón, hablaron del futuro —desde el pontiac abierto, de ventanillas abiertas, llegaba música de fox hasta el mismo precipicio, quizá también a las playas de abajo—, discutieron detalles. La seguridad de abandonar aquello, adiós ciudad sabida, confería nuevo brillo a los esqueletos de mansiones de azules y ocres fachadas, a los árboles, a carros, basura, a todo el mundo difuminado que se volvía negro más allá del resplandor de las farolas. Miguel caminaba delante, erguido, agitada en sube y baja la rubia cabellera y Marco le seguía a pocos pasos cantando «decían los violines». Olvidaron el coche aparcado en Sáenz Peña a la relativa sombra de árboles poco tupidos, anduvieron dando un rodeo por el antiguo balneario y luego, cuando ya el cielo cobraba tonos de fin de noche, cuando reinaba el frío artificial de antes del alba, llegaron a la casona. No había luz en el saloncito del sofá naranja. Abrió Miguel la puerta intentando no hacer ruido, la empujó para permitir el paso al amigo ebrio y se metieron en la casa dormida. A la luz extraña que inundaba la estancia —mitad resplandor del cielo, mitad brillo de farola minado por el amanecer lechoso— vieron una sombra tumbada en el sofá, unos dientes blancos dibujando una sonrisa.

—Llegaron —la voz de la muchacha sonaba como cristal roto—, llegaron los mensajeros del sol tan aguardados.

Se dejó abrazar por Marco cuya euforia había remitido, viéndola de guardia, en inesperada vigilia. También el español tomó asiento aunque rehusó beber, permaneció convertido en una sombra que asentía con monosílabos a las explicaciones apasionadas de Cecilia. A aquellas horas de estremecimientos nerviosos, de duda, poco porvenir tenía su discurso cargado de confianza en las cosas materiales, en los cambios sociales. Había transcurrido un rato de silencio interrumpido por carros primerizos camino del Centro, estaban casi dormidos, cuando el ruido producido por la caída, el derrumbe estruendoso de Marco al suelo, les asustó. En vano intentaron despertarle, le dieron cachetadas, le echaron ron en los labios sin conseguir un solo movimiento, una señal de vida. Lo cargó Luna tomándole por las axilas, dejándole barrer el suelo con los zapatos calibre 45. De esta forma le llevó al cuarto de matrimonio y, con ayuda de Cecilia, le metió en la cama. Luego salió, recorrió patios, pasillos, lleno de sensación de noche, de vacío, pastosa la boca y el cerebro, pensando que se había montado una vida demasiado difícil, que algún día se derrumbaría por fin para siempre.

Le costaba dormirse pese a la agradable temperatura, la

ausencia de ruidos en su lecho arrinconado. Aguardaba los alaridos de la cacatúa, risas de niña, indicios de despertar ajeno. Le daba vueltas a lo del Loro del Tuerto con ambivalencia, riendo por un lado, apasionado por otro, tratando de no obsesionarse, pues sabía que esas no eran horas de ideas claras sino de sueño. Dormir no más, se decía y, repentinamente optimista, creía que desaparecer sería una suerte de apaciguador sueño prolongado, grato, erótico incluso. En eso andaba cuando escuchó menudos pasos en el cuarto, roce de pies sobre las maderas en vías de putrefacción, un jadeo suave. A la luz dudosa del alba, entrometiéndose en el cuarto-celda apareció un blanco fantasma, una mujer desnuda. Cecilia se refugió en la cama, se acurrucó contra él y después, viéndole en pie quitándose nervioso el pijama, se reía. A Luna le abandonó la voluntad a los primeros compases, se abandonó mejor dicho a la ajena —jugador empedernido juzgó positivo ser modesto y aprender uno nuevo—, olvidó ideas de conquista, renacimiento, sentimiento viril. En los entreactos, encarando el ventanal donde ya había luz entera pero aún no cacatúa, se estudiaba con rapidez hallándose enamorado y tierno. Justo antes del despertar de las niñas, Cecilia-madre le dio un beso de despedida, le sonrió y se marchó tan muda como había llegado. Entonces actuó la cacatúa, excitada y con retraso, mientras el español colectivero, desnudo boca abajo, revuelta la coronilla, se esforzaba en pensar la reciente felicidad y revivirla.

XIV

Cada vez que abría los ojos —lo hacía con frecuencia atraído por la atracción del abismo—, Luna ladeaba ligeramente la cabeza hacia la derecha, clavaba la nariz en el cristal enfriado por el viento nocturno del desierto y por la brisa del mar, fría también, y contemplaba el mismo paisaje desazonador: en suave declive hipócrita, feroces precipicios que parecían ser uno solo, tesonero, caían hasta el mar, hasta rocas en cuyos lomos la espuma crepitaba blanca y perecedera. La luna planeaba sobre el agua tornándola artificial, amarilla como un sueño; de a ratos se ocultaba en nubes o curvas y surgía luego iluminando agua negra o desierto negro. Apenas llegaba ruido de motor a la parte de atrás, nada más un ronroneo monótono a juego con el resplandor de una lucecita prendida frente al conductor insomne. Era agradable la temperatura, entraba aire virgen por las abiertas ventanillas renovando la atmósfera ya casi hogareña, y Miguel se preguntaba cómo sería en verdad aquel paisaje marítimo que la noche le ofrecía en copia engañosa, fabricado a través de ausencias y de sombras expresionistas. Con sonrisa mental, complacido de ser distinto, se decía que después de tanta Lima esa era su primera salida al mundo ancho de tras los montes, su primera visita —motivada además— al exotismo alto. Ahora, en el camino, impedido de dormir debido a sus inmensas piernas constreñidas, presas entre el asiento 41 y el de delante, hacía balance, trataba de dar explicación a sentimientos y acciones recientes. ¿Qué pasaba en realidad con Cecilia? ¿Cómo debía interpretar la noche anterior? Nada sabía, pues al despertar esta mañana, muy tarde ya, ella y las niñas habían abandonado la casona y allí sólo quedaba el desinformado Marco durmiendo pisco y cerveza. No tenía ni siquiera un simple dato, una pista para hacer suposiciones. No había visto a la amada antes de partir y la angustia iba a acompañarle todo el viaje, la llevaba puesta ahora mismo. Al despertar Marco hoy, resacoso, contento sin embargo —estaba todavía borracho—, había reemprendido la vida en el lugar donde la dejaron, en su proyecto de huida, de desaparición. Sin darle tiempo a reaccionar, a la sombra del patio de tierra, el del torreón agrietado, había trazado rápidos planes. Parecía como si en sueños su cerebro hubiera estructurado el delirio, como si hubiera solucionado pequeños detalles. Yo tengo que encargarme de la venta del apartamento, hermano. Debes ir tú. Puna pura, zambo, pura mierda. Cerca del lago. Debes preparar el trato pero sin ensuciarte. Haremos que la traigan ellos aquí. El que paga manda. La idea era modesta y rápida: doblar sólo el capital, no ser avariciosos ni temerarios, conseguir a través de una inversión en coca el hotel anhelado. Aceptó y, bueno, aquí estaba, mirando por la ventanilla del moderno autobús, camino de Arequipa, primera etapa de su viaje al sur profundo, fumando un pestilente cigarrillo rubio. Miró marcar las diez y media a las agujas del reloj, echó una rápida ojeada a los pasajeros —extraños tipos que viajan en un día como hoy— y por fin se fue muy lejos, a donde no quería, a la nostalgia. Ya es allá otro año, Viejo Mundo que se adelanta, y yo, absurdo, deberé dar gritos dentro de hora y media, abrazarme con desconocidos, decir «feliz año», pasar la Nochevieja en vela pero no por fiesta sino por incomodidad. Imaginaba la Puerta del Sol —precisamente ese lugar a donde jamás acudió—, el frío, los abrigos. Luego rememoró nuevos dealles —pavos de plástico en manos de niños y borrachos, su ruido implacable, las castañeras, chusma numerosa, alegre, los adornos de las calles— y murió de golpe la nostalgia. Miró a través del cristal un nuevo precipicio de arena deslizante, sin mar al fondo, seco, de culo de roca y arena. Vio a lo lejos, fantasmagóricas, veladas por la neblina o por su propia falta de potencia, las luces de algo, de un poblado de pescadores quizá. Se llenó de orgullo de estar allí, en busca de aventura, enamorado, a punto de pisar tierra nunca hollada por él, tierra donde nadie le conocía, de vivir Nochevieja en el anonimato, de que el mismo azar le forzara siempre a ser héroe. ¿Y ese Titicaca de tebeo de niño, cómo sería? Solo. Luna era el único solo en un mundo a dos por lo menos, que sin embargo no dejaba nunca de parlotear de soledad. Se estremeció. Deseaba llevar a aquel hotel casi selvático, de inmensas mosquiteras, de terraza con baranda, el cuerpo de Cecilia, su risa malvada. ¿Adiós soledad entonces?

Resonó en la oscuridad y el silencio la voz cazallosa del conductor:

—Despierten, señores. Dentro de un segundito vamos a parar a comer y recibir el año.

Volvió más o menos a sí en Arequipa. Se encontró con rostros, gestos acarreados a través del mar desde allá en casa y con la infancia. El año nuevo se la devolvía hecha presente en un mundo treinta y muchos años atrasado. Llegó de mañana a la ciudad en pleno ajetreo, legañoso, vencido por el sueño, el cansancio y hasta la altura todavía humana, recorrió calles soleadas sin apreciar su belleza y se hundió por fin en la habitación de un hotel de la Plaza de Armas. Le despertaron voces alegres del paseo del atardecer, risas de hembra en celo, las luces de las primeras farolas. Salió entonces, amodorrado, sin ducharse, al mundo vespertino y provinciano, deambuló al azar apreciando conventos y muchachas, y tanto le gustó aquello que decidió quedarse un día más. Enorme se le hizo a partir de las once, del segundo jugo y la contemplación de transeúntes repetidos ya, ese día añadido. La angustia era inaguantable después de almorzar lento, y varias ideas le surcaron el cerebro afiebrado, caras e irrealizables —tomar un taxi por ejemplo— que trataban de hallar una salida de la ciudad a su cuerpo sin necesidad de esperar al tren trepador y nocturno.

En una de las vueltas a la Plaza de Armas, al pasar por delante del cine cerrado todavía en cuanto a cine, vio el anuncio de unos baños turcos. Se precipitó escaleras abajo huyendo de la luz y de su propio monólogo desagradable, pagó a un portero adormilado y penetró en el templo submarino. Trató de alegrarse contándose el absurdo de estar allí, pero fue en realidad gracias a los sentidos —nubes de vapor, ruido plácido de aguas, fría piscina donde bañarse desnudo al salir de la sauna de 90°— que de a poco se le cambió el humor. Una vez y otra se metía en las celdas tropicales sin atender las indicaciones escritas encima del mostrador del bar y en las paredes de los baños; salía y entraba sudando. Luego se pesó, se alarmó de haber perdido tanto, y corrió al bar a beber jugos. Echando una ojeada al reloj supo que afuera ya había anochecido. Siguió aguantando un rato más, tumbado junto a la piscina, medio dormido, cubierto por un albornoz azul claro.

Peinado, limpio, sedado, regresó a Arequipa y apreció desde el vestíbulo del cine, cara a la plaza, toda la belleza de la noche serrana. Faltaban poco menos de dos horas para tomar el tren, le quedaba la cena por delante, la ciudad se había apaciguado, la oscuridad ocultaba polvo y mugre, las muchachas de nuevo estaban bellas y acicaladas, la luz le resultaba grata a Luna, pero sobre todo la alegría se fundaba en la huida, en dejar el puerto atrás. Cenó muy a gusto, tomó café y acudió al hotel para recoger su bolsa de viaje y el billete de tren que había encargado al botones. Luego, despacio, silbando un huaino, caminó hacia la estación por una única calle tenebrosa, estrecha y larga.

De lejos lo fue viendo, con tiempo para prepararse, al gentío apiñado en la explanada de delante de la estación, iluminado por escasas farolas, silencioso —un denso rumor nada más—, negro a la mala luz, derrotado y manso. Fijó entonces la mirada dejándola perderse en línea recta por encima de las cabezas, ir a golpear contra la fachada del edificio estación y trató de impedir que rebotara. Notó sin embargo menos vigor en las piernas, sudor frío, todos los síntomas de la piedad por la especie, del no somos nada y no pudo defenderse pues, aparecido en toda su desnudez, aquello le rendía. Billete en mano se puso a la fila de primera, agilizada, rematada por sendos policías que concedían el paso a los andenes. Los recorrió luego dándose un respiro, gozando del espacio desierto y fantasmal, maldiciendo a sus diosecillos tutelares, preguntándoles: ¿por qué me habéis traído aquí, a este lugar tan ajeno a la felicidad, tan poco deseable? Un solo tren había, pequeñito, luminoso, de amarillas ventanas. Subió agachando la cabeza para traspasar la portezuela y buscó su asiento numerado. Una vez allí cerró los ojos, los apretó con fuerza en inútil esfuerzo por defenderse de un mundo con el que se comunicaba a través del oído y del roce del respaldo en nuca y espalda. Se mudó, viajó lejos buscando ayuda, la vio a Cecilia en el luminoso paisaje de la costa, sonriente, y llegó a amodorrarse, a perder la noción del paso del tiempo. Ya en marcha, regresó parpadeando al tren, miró por la ventanilla y recibió oscuridad, el reflejo de su rostro, el de los viajeros de al lado y la sensación de que acababa de iniciar un viaje espacial. Esas tierras, aun sin verlas, construyéndolas a través de lo sentido en la explanada, eran sin duda otro planeta poco afortunado. Un mozo trajo mantas, obligó a mirar el entorno —zafios gringos sonrosados, comerciantes peruanos, algún rico de la zona— y así descubrió la bomba de oxígeno de aterrador aspecto. Lenta, irreal, entre duermevela y vigilia, transcurrió la noche en el autopullman con calefacción y manta, cuyas ventanillas se empañaron de tal modo que al amanecer Miguel hubo de limpiarlas. Le golpeó la puna mojada. ¡El Hades, la muerte anónima por olvido, la desolación menos aparatosa, húmeda y fiera! Llovía, una cortina de finas gotas golpeando musgo y piedras, abrazándose con otras gotas en las constantes charcas, en las lagunas. Cholos siguiendo el paso del tren en bicicleta, por caminos de tierra empapada, alguna llama de cabeza altiva y merna. Cementerios sin tapia, modestos guardacadáveres de coqueta cruz pobre, de hierbas alimentándose del muerto. Todo bajo un cielo inmediato, opresivo, humanizado en aquella mañana por la lluvia triste pero reconocible. Fueron despertando viajeros, limpiándose ventanillas, se apagaron las luces eléctricas y el vagón quedó a merced del resplandor lechoso de fuera. El español políglota atendía a las conversaciones de los gringos sorprendiéndose de su resistencia, de aquella fortaleza fruto de la estupidez. No se percataban para nada de lo amenazador del paisaje: sólo la lluvia, la falta de luz para las cámaras fotográficas les afectaba. Pasaron unas cuantas horas de viaje matutino, lentas, tanto que Miguel se decidió a hablar con nativos, les preguntó cuánto faltaba, se informó sobre el soroche, sobre la estación de lluvias, la altura, la lengua. Luego la altura le atacó pese a estar dentro del tren y la cabeza comenzó a dolerle, se sintió débil, la sensación de encierro le angustió. Había decidido en un principio continuar hasta Cuzco, turistear en aquel paraíso —así lo llamó Marco— unos diez días, regresar después a su lugar de trabajo, llevar a cabo la misión encomendada y por último alcanzar Lima repitiendo el periplo, por Arequipa otra vez. Sin embargo, cuando el tren llegó a Juliaca la angustia y el mal de altura le botaron, le dejaron abandonado en la estación, sin fuerzas, sentado en el andén, apoyados los pies en las traviesas, junto a un perro casi muerto, huidizo.

Era un tipo abatido, estremecido por el frío instalado triunfante en los huesos como si fuera a permanecer siempre dentro, de ojos llorosos de frío, melena menos rubia en el día hostil, destilando gotas por los últimos mechones, grises gotas frías, con una bolsa de mano tirada descuidadamente en la parte más sucia del andén. Le abandonó la identidad, se sintió sólo un dolor de cabeza y un cansancio, cierta opresión en el pecho. Juliaca, nudo ferroviario, mercado, le aguardaba en la placeta de junto a la estación. Se sumió en ella como un fantasma diurno, arrastrando a ramalazos de voluntad los pies, encorvado, y vomitó ante un tenderete de prendas de lana cuyos propietarios le miraron con indiferencia. Tomó un taxi, pidió al conductor que le llevara al mejor hotel —el mejor, sí, repitió— y pese al malestar se dio cuenta de que le engañaban, dos veces pasaron por el mismo sitio en tonta astucia. Pagó sin discutir, tramitó el ingreso, se encontró por fin en una buena habitación del Hotel de Turistas. Se desnudó tiritando, se metió en la cama haciéndose un ovillo, desaprovechando la amplitud matrimonial, pero en aquella suite con calefacción la ropa era escasa, insuficiente de todas todas, para hacerle entrar en calor. La luz le daba directamente en el rostro, le alumbraba los ojos cerrados, le hería la frente adolorida. Hizo un esfuerzo, se levantó y fue a pegarse contra un radiador. Tuvo que huir corriendo de su contacto ardiente, entrar en el baño y vomitar de nuevo. Luego se le ocurrió intentarlo con agua, desprenderse del obstinado recuerdo dejado por las gotas frías a través de sus hermanas. Abrió el grifo de la bañera dejándola llenarse de vapor y líquido hirviendo, luego se sumergió quemándose, embobado de placer y dolor de cabeza, permaneció un largo rato hasta notar calor de verdad y cuando salió y regresó a la cama se durmió al instante. El martilleo en los sesos le despertó poco después, insoportable ya, maduro; no le quedó otro remedio sino llamar al botones y mandarle en busca de analgésicos y glucosa. Se tomó un montón a voleo y entonces sí se durmió rato largo.

Había en la habitación resplandor de farolas cuando despertó. Sin prender la lamparita se mantuvo quieto, clavada la mirada en el ventanal de descorridas cortinas, embriagado por esa sensación opiácea, hija del viaje en clima frío, de la tristeza del atardecer en territorio ajeno, ruido de lluvia, y del propio desarreglo sedante del analgésico. Se volvió a duchar, combinando los dos chorros esta vez, rebuscó en la bolsa de viaje hasta encontrar ropa limpia, se vistió y bajó las escaleras respirando mal. En el vestíbulo miró el reloj —7 p.m. nada más—, la lluvia que seguía cayendo, el reflejo de su cuerpo en el espejo limpio. Tuvo frío a las primeras zancadas, opresión del frío y de la altura en las sienes. Estaba la ciudad desierta —algún carro traqueteaba de tanto en tanto salpicando agua de charco—, sólo las luces de bares, de contados negocios, creaban ilusión de vida; ni niños había pese a la hora y en la Plaza dos sombras de borracho serrano bailoteaban con las manos apoyadas en el respaldo de un banco. Se metió en uno de los bares de la plaza a pedir un té caliente y preguntar dónde comprar chompas.

Iba caminando con las manos metidas en los bolsillos, abultado el pecho ancho por la chompa blanca bajo la americana de pana negra, conjuntada casi, silbando muy bajito, desatendiendo a la lluvia y al hueco en el estómago. Se le acabó Juliaca dos o tres veces por todos los puntos cardinales, ocho y veinticinco eran, sentía necesidad de comer aunque no apetito, y al pasar de nuevo por el hotel empujó la puerta. Permaneció parado en el pasillo, tímido, desconcertado por el lujo, el contraste entre el comedor de aire limeño y la ciudad tenebrosa poseída por la lluvia y la miseria sin remisión. Luego tomó asiento en una mesa para dos desde donde poder observar el raro panorama humano. Le miraban. Su enorme corpachón había sorprendido a los comensales, varones todos, que parodiaban la vida mundana, la vida a secas, en Juliaca. Vestían parecidos trajes cruzados, de época indescifrable, quizá de entretiempo, y nadie hubiera adivinado por los rostros si pertenecían al ramo de viajantes de comercio o al de los narco. Pidió sopa, un bistec, un pie de manzana, limonada con azúcar. Conforme trasegaba alimento, a partir del calor despertado por la sopa en el estómago vacío, comenzó a sentirse físicamente bien. Tomando ya café y un pésimo puro nacional, disfrutó de verse observado de reojo, de la hostilidad evidente que despertaba. Había estirado las piernas, la cabeza le colgaba hacia atrás, miraba mitad techo mitad parte superior de los ventanales encarados a lo negro. De pronto sintió abrirse la espita, un chorro de alegría se le metió en el cerebro: Cecilia. Le había cogido por sorpresa el recuerdo de su pasión costera, soplaba obligándole a largar velas. En la calle de obstinada llovizna, de frío húmedo, caminó a paso vivo, manos en los bolsillos, abriendo la boca para crear breves espirales de humo blanquinoso. Vio una luz histérica en medio de la ciudad apagada. Caminó hacia donde brillaba, miró un letrero que le hizo sonreír, por un instante estudió el ridículo, el peligro real, tanteando la cartera con todo su dinero en dólares, flotante dentro del bolsillo interior del saco. Le había hablado Marco allá en la capital mientras le despedía al pie el autobús de Arequipa: no seas cojudo, zambo, no vayas a la discoteca de los narco, no te des a conocer. Lo recordó al entrar. Pareció crecer unos diez centímetros, lanzarse al gigantismo, puso expresión serrana, un gringo de igual jeta que ellos, acodado a la barra, solo, dándoles la espalda, quizá con pistola en el bolsillo de aquel raído saco negro. Un tipo de enorme voluntad y poca constancia. ¿Quién que no sea subnormal no sabe a mi edad qué hará mañana? Pidió un café, escuchó el «no hay cafetera, señor», optó por una incacola helada y a sorbitos fue trasegando aquel frío líquido dulzón mientras pensaba en sí queriéndose, en Cecilia cuyos sentimientos ignoraban y en un futuro blanco y virgen. Sonreía sin querer, atendiendo en parte a las canciones, viejas, oídas ya en España, a su absurdo sonar allí, letras amorosas de pasión pequeña. Fuera aguardaban pacientes lluvia y miseria. Les dio plantón un par de horas, luego caminó a paso rápido hacia el hotel cuando el sueño le tenía ya dominado.

Puta puna, pensaba, maldito pueblacho acuoso, sin duda cercado por juncos y patos. Desayunaba como un autómata, le echaba calorías al cuerpo, un montón de azúcar al café con leche. Desde muy temprano —la luz indicaba un precioso día de sol— se hallaba despierto y atormentado por la idea de que tenía algo que hacer, un deber. Finalmente, una hora antes de la salida de su autobús, se encaminó adonde el botones le había indicado. Vio a Juliaca convertida en zoco, idéntica a la primera ojeada que le dio al salir de la estación; sólo la lluvia faltaba, agua del cielo incapaz de lavar nada. Compró billete —«no hay clases, señor, todos son igualitos»— y como faltaba mucho para la salida se fue caminando hasta la plaza. En un bar de abierta puerta desde donde veía el mar de lana de afuera tomó otro jugo, atento al reloj, nervioso y descontrolado ante el sometimiento a una obligación. Sonrió descubriendo el autobús de lejos, un cacharro culón en cuyo lomo se habían instalado varias tribus de indios de ambos sexos, sombrero hongo ellas, chullo ellos. El sol les sacaba brillos a los colores de los trajes, conseguía incluso algún destello de los mínimos pedacitos libres de la chapa metálica. El billete que llevaba en la mano era numerado, podía, pues, llegarse allí, buscar y exigir su derecho a plástico roto, pero no lo hizo. Por el contrario, dio una vuelta rapidísima, y le sacó la lengua al lago. Adiós, Titicaca oscuro, frío, de hierbajos húmedos, nunca te veré. A Marco le diré:

«No fui, zambo. No quise. Tú tampoco hubieras subido allí. Los narco son pura mierda, ridículos, y no sabría tratarlos. En cuanto a ese pueblo ribereño, yo no sé estar sin luz eléctrica, y por último no me salió del pincho ir, hermano. Probaremos en Quito, es más de caballeros.» El ombligo del mundo, debo conocerlo, iré de inmediato tomando el tren que ayer abandoné víctima del scroche y del deber no cumplido; voy a buscar billete para el tren del Cusco. Se plantó en la estación abriéndose paso a través de los vendedores, vio que todavía le quedaba tiempo y se dirigió a Correos, compró una postal con llamas mirando a alguien y se sentó en un banco de la plaza abarrotada. Escribió:

TE QUIERO MUCHO

Firmó y tuvo la precaución de ponerle sobre antes de echarla.

Esta vez hizo el viaje de día, contemplando por la ventanilla un similar paisaje que se humedeció al anochecer, cerca ya de alcanzar su destino. Un enjambre de ofrecedores de hotel se desparramó entonces por los vagones tratando de ganar clientes para sus habitaciones vacías. Luna se quedó con el más tonto, el del hotel más caro, el más ruin y peinado. En taxi llegaron al hotel, situado en plena Plaza de Armas, y Luna le dijo al guía:
—Espéreme dentro. Ahora voy.
Permaneció parado bajo los soportales y se le metía de forma mecánica la belleza y tristeza de la plaza y de la noche. Reflejos de luces en los charcos, sombras de iglesia, de escalinata, repicar de pasos en los adoquines, luz pobre de farola serrana, un conato de jardín público, el olor a humedad de un viento a medias urbano, el resplandor mortecino de los restaurantes que daban a la plaza. Un mendigo cojo tocaba la flauta por los suelos, jugaba con escasas notas pero lograba transmitir su vida: una desolación alta, lunar. Miguel hizo aguardar al guía, caminó unos pasos hasta dar la vuelta y le vio el resto del cuerpo resguardado detrás de un tenderete de lustrar zapatos. Le dio un billete inmenso, cruel.

La habitación, carísima, se encaraba al Cusco de verdad, a su centro bello ensuciado por turistas, a través de un limpio ventanal. Cuando el español se despertó al día siguiente, encargó el desayuno y lo tomó mirando la plaza a la luz del sol. No quería pensar en el futuro, en si cumplir o no la asquerosa misión enriquecedora, se sentía un hombre nuevo al haber dejado atrás las obligaciones: una voluntad loca regida sólo por el amor y el azar. Pagó un taxi para ir a visitar las ruinas, hizo que le esperara, y él las visitó durante diez minutos. Se impresionó de verdad; el contraste de colores y silencio, el cielo resplandeciente, le espantaron y ordenó regresar al Cusco. Cuando se hubo repuesto —después de beberse un jugo mixto y entrar en la catedral, reconocible— recorrió la ciudad a largas zancadas, se perdió por callejas ancestrales, anduvo horas y horas fuera de sí. Caía la noche por las callejuelas en bajada, Luna la veía desde el cerro, y volviendo de repente al presente se dijo que iría mañana a visitar Pisac. Pero unos minutos más tarde todo había cambiado, la angustia le expectoraba. Corrió a Correos, llegó unos minutos antes de cerrar y mandó un telegrama a Cecilia:

YA ESTOY CONTIGO LOS MUERTOS VIAJAN DEPRISA

Enloquecido, sin querer probar el alcohol por cabezonería, pasó la noche de pie dando vueltas a la habitación cara y preguntándose quién llegaría antes a Lima, el avión o el telegrama.

XV

Se vio un momento el manso mar Mediterráneo enmarcado en la puerta —tan inmóvil como el mismo cuadro donde yacía pintado demasiado pálido— a la luz del sol, de rayos llegados desde el cielo a través del balcón de par en par abierto. Luego sor Rosa lo ahogó inconsciente al cerrar la puerta acolchada sin más ruido que el tintineo de plato y vaso en la bandeja y el cacareo fresco de su risa amable.

—Ande, despierte. Le traigo un almuerzo riquísimo.

Los rizos, la calva, la parte trasera de la chaqueta de pijama, giraron lentamente y los ojos negros de don Miguel Angel se clavaron en la monja diminuta. La miraba el enfermo con leve sorpresa, desapasionado, casi convencido de su bondad; la estudiaba zoológicamente, tratando de clasificarla. Ahora daba la cara al balcón, al mundo, mostrando en la frente una venda limpia que moría en el nacimiento del cabello ralo convertido en un trío de rizos altivos.

—No me provoca, Sister —dijo reuniendo toda su maldad y sus fuerzas.

Quedó postrado, despierto por culpa de ella, sujeto de dolores. Cerró los ojos en vano intento de combatir la identidad, el malestar producto de los golpes y el síndrome de abstinencia. La oyó despedirse. Un algo más de luz fuera, pasada la cortina de los párpados, le indicó soledad, avisó de la salida de sor Rosa.

Continuaba en el horror, intentando abstraerse, volar lejos, cuando escuchó ruidos y luego sintió un pinchazo en el brazo derecho.

Despertó frente a los poderosos dientes de la monja desplegados en sonrisa de bienvenida.
—Hoy va a encontrarse mucho mejor. Y además le traigo una cartita.
Todavía no había abandonado por completo las tinieblas, el sudor y el contraerse en la cama, pero seguía siendo el mismo, el chistón ágil.
—Podía darme ron en lugar de correspondencia.
Bastante tomó ya estos días, dijo ella, divertida sin embargo, enamorada quizá del paciente, mientras le arreglaba la cama, rociaba la habitación con spray aromatizador y entornaba los postigos para defender al enfermo del sol nuevo. En lo primero que pensó el señor Luna una vez a solas fue en ese detalle. Ha pasado un día entero por lo menos, se dijo, mi postrer recuerdo es la misma luz y el sol en la habitación, y debió ser ayer a juzgar por la chola. Echó a un lado las sábanas ocultando la carta recién traída entre ropa arrugada y saltó descalzo al suelo recalentado de la habitación. Luego, clavando la mirada en un punto fijo de la pared de enfrente, caminó lento, asegurando el equilibrio a cada paso, hasta alcanzar el baño. En el espejo le rebotó el azul del pijama destellando, la tímida sonrisa de reconocimiento mediante la cual el rostro de don Miguel Angel demostraba ser auténtico. Se lavó con agua fría, mojó los cuatro pelajos en chorros de colonia y se peinó. Otra vez la misma operación, menos penosa esta vez: abrir el balcón de paso hacia la cama, derrumbarse, permanecer un rato con los ojos cerrados, taparse con las sábanas sudadas, dormirse por fin. Despertó a una hora de bella luz no hiriente, mucho más fresco, casi despejado —la cabeza la sentía sólo como ordenador, no como fuente de padecimiento— y pudo inclinarse hasta el suelo para recoger la carta caída en cuyo sello reconoció la procedencia. El padrino Martín, padrino de Miguel, examigo suyo, hablaba en el tono de los últimos años, largos ya. Le saludaba edu-

cado, veloz, trataba a continuación el tema central, el «núcleo» de su carta, pues éstas no eran nunca inmotivadas. La presente se refería al viaje peruano del ahijado de quien no tenía noticias —en este punto sonrió feliz don Miguel Angel enorgulleciéndose del hijo— y a quien había escrito larga epístola sin respuesta. Adjuntaba fotocopia y señalaba también la cuantía del giro compañero de dicha misiva, como ella sin respuesta todavía. Era todo muy sintetizado —estilo de buen burócrata, pensó—, en densas líneas. Luna padre se incorporó, apoyó la cabeza en el cabezal de madera, arrojó la parte de la carta a él dirigida y se lanzó a leer interesado la copia de la que Martín enviara a Miguel. ¿En qué momento dejaba un hombre de ser joven? ¿Cuándo dejaba un hombre de ser hombre? Porque debía haber una hombreidad como había una cosidad, ¿o no? Una bocanada de aire salino no le desbarató del todo aquel tipo de pensamientos, simplemente le devolvió el humor. Contó entonces los «trabajo» y «responsabilidad» escritos con menuda letra en las dos páginas y media. Aunque ambos eran abundantes, los «responsabilidad» ganaban por mucho. Riendo esta vez abiertamente, los fue subrayando con bolígrafo verde, telefoneó luego a sor Rosa para pedir un sobre. Mientras aguardaba la llegada de la monja puso un par de líneas.

No jodas con tu tonillo, Martín. España es ahora un SOPOR. *Me lo ha dicho gente más de fiar que tú. Los obreros se han reproducido, los universitarios multiplicado y todos se han vuelto medio ricos pero igual de bestias, de brutos como se dice aquí. Lo que sí parece se mantiene todavía hermoso, lo único, son los bares, y eso porque sois todos unos borrachos sociales, ¿oyes?, sociales. Te devuelvo tu carta subrayada para que veas por tu subsconsciente en qué te has convertido. Un fraternal abrazo.*
      Tu excompañero de división, Old Luna.

La monja penetró poco después en la estancia, portadora del sobre y de una nueva bandeja con comida, y a la primera ojeada se dio cuenta de la mejoría del enfermo.

—Comeré, se lo juro. Pero a cambio me va a hacer el pequeño favor de echarlo —dijo don Miguel Angel entregándole la nota y la fotocopia—. Ande, siéntese, mujer.

Sor Rosa metió los papeles en el sobre. Luego tomó asiento en un sillón de plástico negro situado entre la cama y el balcón, mirando al titular de la 3 con plácida sonrisa. La luz de la tarde le daba una especie de aura y el vientecillo que entraba a rachas le agitaba la toca por los lados confiriéndole aspecto de viejo avión en el momento del despegue. Permaneció inmóvil, apretando el sobre blanco de reborde rojo con la mano derecha, observando mucho rato el lento masticar de su paciente preferido, tanto que las sombras de la noche le borraron la sonrisa, la convirtieron apenas en un bulto más sombrío. Luna oyó el ruidito contenido de la puerta al cerrarse, supuso que ella le creía dormido, y no prendió la lámpara, prefería además seguir así, pensando relajado, pero no podía liberarse de la penosa impresión causada por la decrepitud de Martín. La dejadez que se cierne sobre el hombre y le madura. Le vuelve solemne o aburrido o cobarde o vanidoso o sedentario o todo a la vez. Le mata además el orgullo, le hace crítico respecto a la pasión y la sorpresa. Mudarse sin parar seguía siendo la única posibilidad de morir de muerte y no de vida. Y él, don Miguel Angel Luna, aquel viejo nombre con el que había tomado posesión de esta tierra de sierras, lo hizo en su día. Desaparecer, sin historia —contento de dejarla atrás porque era mala—, sin amores —los acarreaba en su memoria privilegiada, fuente de todos los actuales goces de impotente—, sin familia. ¿Y el joven Miguel? En la oscuridad de la habitación de la residencial de borracho le pareció entenderlo por primera vez y de repente. Tampoco él había renunciado a ser hombre. Desapareció. ¿Acaso no era desaparecer su permanencia en este país absurdo, irracional, donde todavía puede que hubiera encontrado algún igual, alguna mujer? La Cecilia aquella de Barranco, la ladina, lo era. Sonrió recordándose en andanzas recientes. Llegaba, llegaba ahora en ese silencio de la cena, despoblado el malecón, huecos los coches, el rumor del mar golpeando abajo en las playas con su acostumbrada testarudez, rumor cadencioso de resonancias interiores. ¿Pero y el otro, Martín?

¿Cómo había conseguido ser esa sombra helada? Revivió Rusia, los jóvenes voluntarios, el hielo en las estepas, el coñac, algún momento de trascendencia, de lucidez. Recordó también el largo después monótono donde el padrino se sobrevivía gracias al humor, a cortesías prodigadas a la bella Elena, al cariño volcado en el apadrinado. ¿Y ahora, pues? ¿A esto le había arrastrado la curiosa interpretación de filosofías activas? Satisfecho en su lecho de residencial, el social-enfermo se dijo que una interpretación de los mismos maestros, sin duda más valiente, más equivocada, le había llevado a él, don Miguel Angel, a casi lo mejor —sí, lo mejor, se dijo, sin hipocresías— posible.

Permaneció mentalmente estático unos segundos gozando de aquel pensamiento optimista, pero pronto los conceptos mal organizados se le aparecieron denunciándole y poniendo en marcha el dolor olvidado también como ellos. Es imposible no beber cuando uno quiere hacerlo, no se ha dicho todavía que no. Por eso me emborraché con ferocidad digna de mejor causa. El efecto más aparente fue un típico accidente de borracho. Había caído por las escaleras de su lujosa mansión, innúmeros peldaños cantando «trac trac» con la cabeza, riendo mientras mantuvo la conciencia. Luego los sirvientes no osaron tocarle, le dejaron tirado allí hecho un bulto apestoso de enrojecidos morros y telefonearon al señor Navarro, que se demoró en llegar, quién sabe por qué.

Se tocó la venda de la frente con el fin de comprobar si la realidad coincidía con el recuerdo, hizo luego un esfuerzo feroz, se concentró. Sí, de veras, lo quería. Prefería vivir unos años más a falta de algo mejor: una eternidad infernal por ejemplo. No bebería. Ahora sí estaba decidido, adiós alcohol, viejo amigo cabrón. ¿Pero a cambio? Mucha música y puede que dentro de algunos meses mujeres otra vez, baños de mar, lectura. Se deprimía ya —parco balance de viejo— cuando se encontró sonriendo, llegaba el humor en su ayuda. Era una antigua película visionada en la ciudad mona, Guayaquil, de amplio río de flotantes troncos selváticos, muchos años atrás, enamorado de la mona que le acompañaba, culos correlativos maltratados por los asientos duros. Se trataba de una historia mitológica de héroes rubios y peleones, uno sobre todo, el protagonista, enamorado con tesón de la misma mujer siempre, rubia también, que le correspondía en aquel amor mortal. Había sin embargo una sirena gorda, treintañera, encaprichada con el protagonista a quien raptaba para atar a una columna subacuática, en un suntuoso palacio de antorchas eléctricas, y hacerle la siguiente proposición: escoge entre morir o casarte conmigo y convertirte en inmortal y pasar la eternidad deleitándote en el amor y la contemplación de «nuestros» tesoros. A una orden suya entraban varios enanos acarreando sacos que descargaban ante la columna mostrando un amasijo de anillos de latón y collares dorados con alguna piedra incorporada: el tesoro de los Nibelungos. Como es lógico, el héroe escogía la muerte. Pero yo no, yo voy a sobrevivir unos cuantos años más contemplando mis tesoros.

Pasó el resto de la noche leyendo diarios, y a la hora del desayuno vio entrar a la monja acompañada del licenciado en medicina García. Estaba de buen humor el joven doctor, enfundado en una limpia bata blanca de clínica de lujo, sonriente. Observaba la venda en la cabeza del enfermo con visible satisfacción. Parecía estar diciendo: bebe, bebe, pero atente a las consecuencias, rico loco. Don Miguel Angel hizo un esfuerzo y consiguió comer con aparente apetito, se terminó incluso la papaya de postre.

—Bien —comenzó García sarcástico cuando le vio apartar la bandeja—, tiene usted excelentes amigos. Don Eugenio le trajo aquí bastante maltrecho, a altas horas según tengo entendido.

Luna vibró de placer, se rejuveneció por completo ante la inminencia del combate. La cabeza ya no le dolía, estaba nervioso y feliz; su mismo aspecto ridículo, en pijama y venda, le entusiasmaba.

—Así es: me caí. Una trompada terrible, montones de escalones. ¿Sabe? La escalera de mi casa es altísima. Vivo en una hermosa casa, ¿por qué no decirlo? Tiene a veces sus inconvenientes, como todo lo bueno. Le explicaré —don Miguel Angel tendió la bandeja a sor Rosa que la tomó y salió de la habitación dejándoles solos— cómo sucedió ese desgraciado accidente. Me hallaba yo tan bien, tan en forma después de pasar por usted, perdone la expresión, que quise bajar deslizándome por la barandilla como solía hacer antes, de chiquillo. Los años no perdonan, García. Me caí, me lastimé el alma.

El médico seguía sonriendo suficiente, dominador. Se sentó en el sillón negro, de espaldas al balcón convertido ahora en la mañana en un hueco blanco de donde llegaba rumor de Pacífico. No había venido sólo a burlarse, a disfrutar de la recaída del enfermo detestado sino, profesional en definitiva, a hacerle terapia. Miró a don Miguel Angel con cierta admiración, preguntándose cómo demonios era posible semejante físico ciclópeo, tamaña resistencia. Un accidente de borracho a su edad, con todo resentido, hígado, riñones, y ya estaba de nuevo en danza.

—La cuestión es la siguiente, señor Luna —dijo parsimonioso—: ¿Quiere usted dejar de beber o no? Piénselo. Sinceramente creo que le convendría, pero es asunto suyo.

—Sí, sí, sí. ¡Quiero! —dijo el viejo desde la cama.

García no se enfadó. No tiene realmente motivos para vivir, pensaba. No se apoya en nada a no ser el orgullo español, su obsesión de salir lindo en la foto interna. Hizo un leve movimiento de cabeza manteniendo el cigarrillo en la mano alzada, mostrándoselo al cliente y pidiendo permiso para fumar. Luna le alcanzó el cenicero limpio de la mesilla de noche. Mientras fumaba vio el médico que los rayos de sol penetraban ya en la habitación y decidió agilizar su cuestionario.

—Disculpe la pregunta —dijo—. Sé que parece general y ridícula, pero si quiero curarle no me queda otro remedio, no sé nada de usted. ¿Cómo fue su infancia? ¿Conserva usted recuerdos?

El yaciente le miró dilatando los ojos, haciendo el payaso. Se pasó una mano por los rizos aplastándolos, gritó:

—¡Por Dios, hombre! ¡No se burle de mí! Yo me quiero curar, doctor. No beberé más, déme pastillas, cuénteme cosas de interés, hábleme de su enamorada si la tiene, de cómo son sus orejas, pero no me joda con el cariño de madre, hombre.

La rigidez le impidió al doctor contestar. Trató de hacerse mala sangre, de agarrar resentimiento al paciente. Ya es bastante desgracia el Perú por sí mismo, se dijo, para que vengan estos tipos de mierda a corromperlo más aún. Viéndole postrado y vendado, viejo, renunció a la pelea; se levantó del sillón, caminó hasta la puerta y mientras la abría, enfrentándose al Mediterráneo preso en la marina azul, se despidió:

—Hasta luego.

Ya a solas, don Miguel Angel arrastró el sillón negro, le puso dos sillas encima, amontonándolas a la manera de los bares, y lo colocó pegado contra la puerta sin pestillo haciendo muralla. Luego dispuso una toalla en el suelo, se desnudó por completo y comenzó su tabla de gimnasia. Había sido un hombre atlético, de enorme pecho, acostumbrado al deporte. Había desarrollado, pues, musculatura que ahora, en el desuso, se ablandaba afeminándole, dibujando senos, elaborando fofa barriga de padre. Con la decisión de vivir llegaba la voluntad de ofrecerse bien al mundo, decente, bajo un aspecto señorial. Al terminar sus ejercicios acudió al baño, se duchó aguantando bajo el potente chorro de agua fría hasta desterrar el calor interno, salió, se secó y desde la cama, jadeando, telefoneó a la monja.

—Dios la obtenga, madre —saludó—. Voy a dormir ahorita. Comuníquelo, propáguelo, sor. Que nadie me moleste hasta las cuatro. Anule llamadas telefónicas y usted no me traiga el almuerzo. No he dormido nada esta noche, he estado rezando, me he sacado un póquer de indulgencias. Hasta las cuatro, ¿oyó? ¡Ah! Tráigame una rica meriendita.

Le sacó de Madrid, un viejo Madrid inexistente, la hermana Rosa con su voz de madre diciendo «ande, ande, a merendar, perezoso» y el estruendo de su parapeto, sillón y sillas al caer. Detrás de la monja chica venía el sudoroso Navarro enjugándose la frente con un pañuelo impecable. Quedaron parados ante Luna, dos trajes distintos, ajado, oloroso, de orden religiosa el uno, mundano y limpio el otro, mirando fijo al techo, acechando alguna señal de vida. Don Miguel Angel se incorporó, aceptó la bandeja de manos de sor Rosa. Hizo luego un esfuerzo, trató de ser amable con su amigo, de olvidar el irracional resentimiento que albergaba contra todo auxiliador en borracheras.

—Buenos días, Eugenio. Benditos los ojos que te ven tan bien —saludó burlón, aludiendo a la gordura del embajador.

Navarro sacó del bolsillo de la americana café un enorme habano, lo prendió calmoso, siguiendo el ritual, y miró al balcón, donde la tarde se mantenía radiante. El humo formaba dibujos grises y blancos, disipaba efluvios de estancia cerrada, mientras el enfermo comía con apetito en su cama convertida en hogar. Al salir sor Rosa, llevándose los restos de la merienda, el embajador se decidió a hablar.

—¡Vaya caída! Te rompiste los morros, ¿eh? Si no dejas de beber te vas a matar, chico —dijo sintiéndolo, dándose cuenta de lo estúpido de sus palabras.

—Para lo que me aburro en la residencial, es casi lo mismo.

Callaron los dos repentinamente serios. Luna pensaba: vaya mentira. La muerte es mucho peor, una democracia de ocio sedentario y sin diferencias. Aquí tengo por lo menos algún esparcimiento, curiosidades, saber qué es de mi hijo por ejemplo, cómo van los negocios, mi grado de riqueza, la contemplación de mis tesoros. Le pidió a su amigo un cigarro y chupándolo se apeó de la cama, dio un par de pasos en dirección al balcón lleno de luz y, de espaldas, preguntó:

—¿Sabes algo de mi hijo?

—Ha estado o está en la Sierra. Me lo ha dicho el dueño de un hotel del Cusco. Ya ves, viaja.

Don Miguel Angel se concentró en esta idea, trató de convencerse: vivir por prolongación en ese hijo que es libre en una Sierra de enero. Pronto se dio cuenta de que no era capaz, las prolongaciones no estaban hechas para el Luna anciano. Antes quizá, cuando no las necesitaba, sí hubiera podido. Echó a andar de nuevo, traspuso la puerta y se encontró sobre el malecón de abasurados flancos. Soplaba un poco de viento, ligerísima brisa capaz sólo de hacer revolotear un periódico de páginas desordenadas que se desprendían lanzando cortos vuelos compitiendo torpes con las gaviotas. Acodado a la barandilla, pensativo, se dijo que sólo en la actividad hallaría consuelo. Regresó a la cama atacado de escalofríos pese a la tarde templada.

—¿Y bien? —preguntó al embajador—. ¿Cómo va nuestro próspero contrabando de lanas? ¿Hemos conseguido ya disfrazar de andino a Europa entera, Eugenio?

Navarro se levantó, cogió una silla y la acercó a la cama. De su elegante americana convertida en cartera de ejecutivo, de los innumerables bolsillos, comenzó a sacar papeles y los entregó al enfermo. Eran cuentas detalladas referentes a sus negocios: corrupciones en general, compra de funcionarios, devoluciones, salarios, ventas. Don Miguel Angel se puso a estudiar con detenimiento, en pijama, tiesos los rizos, aquellos papelajos que, a la luz de las cinco de estío, cobraban color de vida plácida, laboriosa.

XVI

El polvo, la neblina, la mugre urbana y amiga le acogieron, dieron una bienvenida cordial al lechucero, que veía pasar detalles conocidos, rótulos de cantina, calles sabidas, en el camino Jorge Chávez-Centro. Despidió al taxi en San Martín y con el pelo de punta y cara de sueño, una bolsa negra en la mano derecha, se metió en un chifa frecuentado por los poetas a tomar desayuno tardío. El sol de enero se iba imponiendo lentamente fuera, daba luz todavía legañosa a la plaza, y conforme ascendía entre brumas las gentes parecían cobrar vida. Miguel contemplaba el ajetreo de limpiabotas y mendigos sintiendo nacer en él cierta alegría confusa: el sentimiento del viajero que vuelve. Demorándose ante su jugo mixto se despidió de la Sierra. No estoy hecho para esas alturas y esas mentalidades tan tristes o puras, ni para semejante belleza interplanetaria, ni menos para sus animales totem, se decía recordando las inmóviles llamas recubiertas de una pátina de nieve que viera desde el tren del Cusco. Echó una ojeada al reloj y se decidió a preguntar a un camarero por los vates. Le notó malhumorado, reacio a contestar, explicándose a medias. El español saludó a Lima. Parecía que sus amigos no frecuentaban ya el local, un período de guerra se había inaugurado entre ellos y el patrón poco flexible. Creyó entender que el conflicto se produjo a consecuencia de la rotura de una mesa en un acceso de furor poético dos días atrás y a la posterior desaparición del grupo sin pagarla. El chino les detestaba ahora, les negaba la categoría de clientes. Incluso Luna, pese a su aspecto gringo, su hablar en ce, no era bien recibido. Abandonó, pues, el local, dejando una tremenda propina despectiva y caminó, Jirón de la Unión arriba, en dirección a la Plaza de Armas. Se desvió luego del zoco, del dédalo de tenderetes de ambulante, llegó hasta Camaná donde suspiró aliviado y aminoró el paso convirtiendo en paseo la huida. Caminaba en triángulo rectángulo, una vez tirando a la izquierda, otra a la derecha, y subiendo siempre, alzada la vista hacia los hermosos balcones de madera en vías de derrumbamiento. Hacía ya calor, pegajoso calor sucio del Centro. Luna compró un bombón helado y lo fue comiendo y derramando sin preocuparse de la camisa sucia de dos días. En una esquina se detuvo prestando oído al plañido conocido y reconstruyendo la imagen de su autor a través de la memoria. Veía nítido y patético, resguardado por el sombrero de ala media, al viejo mendigo músico cuyos rasgueos de violín desafinado llegaban a esa esquina. Estaría sin duda como siempre, hecho un auténtico muro de penuria que cortaba la vereda —lado izquierdo en dirección a San Martín—, estiradas las piernas, con la lata sucia entre ellas, vacía como siempre, obligando a los transeúntes a cambiar de lado o a realizar el raro gesto de agacharse, ser generosos públicamente en tiempos poco favorables para ello. Permaneció un par de minutos parado en la esquina, las manos en los bolsillos, alto y de pelo alborotado, escuchando la monótona cantinela pésimamente interpretada y casi mora. Adoraba las ciudades, aquellos irracionales poblados donde el mismo «no somos nada» que en plena naturaleza, en la Sierra por ejemplo, se convertía en un sentimiento mujeril, reivindicativo o llorón, cobraba carácter positivo, llenaba de deseos de convertir la vida en un valor apreciable. Este sentimiento de amor urbano le acompañó, acrecentado si cabe por la visión de un microbús abarrotado cuyos viajeros, suspendidos como un racimo de plátanos sobre el asfalto lleno de chiclets derretidos, sonreían, hasta Correos Central. Por un momento, pensó en España, en Madrid, en el frío de enero. Sintió amainar su amor por las grandes ciudades. Recordó el invierno hogareño de Europa, las casas convertidas en mundo, los bares de funcionarios, su país poco desarrollado puesto en evidencia por aquella estación sincera que lo convertía en un carnaval proletario al sacar de los armarios abrigos de piel de conejo, bufandas horribles, gorras judías, chaquetones con olor a naftalina. Regresó meditabundo a San Martín dando una vuelta por Abancay y Parque Universitario y, al llegar a la plaza, se incorporó a la cola de la 2, muy corta a aquellas horas. Había decidido ir a casa en el moderno autobús de grandes ventanillas siguiendo el mismo recorrido que llevara a cabo innumerables veces a lo largo de sus días de colectivero, pero en esta ocasión como cliente, gozando del espectáculo brindado por las mujeres bellas y las mansiones de la Arequipa.

Al apartar la verja de madera desteñida, antaño marrón oscuro, al contemplar por primera vez después de cuatro días el llamado «jardín» y constatar su desolación vegetal —cuatro hierbajos y unos macizos de flores muertas ya hacía años—, Miguel se detuvo. Penetró luego en el hall dejando abierta la puerta por la que se colaba el rumor del mediodía. La luz de dentro era brillante en el saloncito biblioteca, velada en la sala de baile desnuda, tímida en los pasillos y cegadora en el primer patio, donde golpeaba el sol ensañándose contra la pared blanca del cuartucho de Angélica. Seguro de que no habría nadie, tomó una ducha; después, en pantalón de pijama, salió al patio del torreón a fumar un cigarrillo y estudiar los rastreros paseos de las cucarachitas. Largo rato permaneció inmóvil, relajado, disfrutando del territorio conocido, del calor costero y del placer anticipado que le procuraba el inminente reencuentro con la amada. Hacia la una Angélica llegó cargada de comida.

—Buenos días, señor —saludó—. Ahorita le preparo el almuerzo. La señora me dijo que vendría usted hoy. Ella no comerá aquí tampoco. Me encargó que se lo dijera para que la busque en su trabajo.

Luna se precipitó hacia el saloncito de la entrada, descolgó el teléfono y llamó a Cecilia pero no estaba, no regresaría hasta las cuatro. Al colgar reparó en un sobre azul apoyado contra el jarrón de la mesita. Era su telegrama. Está informada, se dijo, sabe de mi llegada. También habrá recibido la postal con el «te quiero». Espero que le haya gustado y no se burle o se desilusione pensando en mi inmadurez. Volvió al patio descubierto decidido a almorzar al sol para recuperar el buen color consumido en los días de viaje serrano. Las niñas recién llegadas le hicieron compañía —le recibieron a puro beso infantil manifestando una alegría casi de hijas— y le entretuvieron durante la sobremesa, hasta la hora del colegio. Entonces al español se le apoderó la espera, el nerviosismo, la necesidad de ver gente. Combinó varios planes. Sin embargo triunfaba la pereza, la modorra de la siesta y los iba desechando, renunciaba sólo por no verse obligado a desplazarse lejos. Al final, superando con dificultad la mala conciencia, previa copa de pisco, acudió de nuevo al teléfono dispuesto a llamar a Marco. Le contestó él mismo con su voz de bajo. Soy un farsante, se decía Luna mientras saludaba al amigo engañado disimulando a la perfección, siguiendo sus bromas afectuosas y dando explicaciones del viaje.

—Mal, zambo. De negocios un desastre, ya te contaré —aclaró de antemano—. ¿Por qué no nos encontramos a tomar café y te explico en directo?

—En la nochecita, mejor —dijo Marco—. No he dormido casi nada. Eros me retuvo en sus garras de plata. El artero enemigo de Morfeo me condenó a la vigilia y en ella me hallas sólo porque mi mamá me despertó para el almuerzo. Me acosté a las diez a.m. —Hizo una pausa—. Quiero dormir siesta y si le parece nos encontramos a eso de las ocho a tomar aperitivo y luego comemos juntos los tres, quedé ayer con la patrona, uf. Tengo un nuevo amor, hermano: Marisolcita.

La noticia le obligó a tomarse otra copa. Se tranquilizó al caer en la cuenta de que el telegrama habría llegado esa mañana y la cita de Cecilia y Marco era de ayer. Si no, ella jamás hubiera compartido el momento del primer encuentro, se dijo. ¿De todas formas, qué derecho tengo a pedirle una ruptura con Marco? Por una noche de cama me siento ya maridito, poniendo el veto, monopolizando, celoso desde luego y, lo peor, disponiendo de los demás. Mejor será irse a pasear por Chorrillos y darme un baño de mar, pelear contra las olas a ver si me masajean mi estúpido cerebro viril.

Poco a poco fue disfrutando del paseo planeado al principio en plan de desgaste. Conforme caía la tarde y la luz se iba haciendo más roja, las antiguas casas balneario y el mar, cuya visión iba a buscar de tanto en tanto a los malecones, le parecían dignos de interés en sí mismos y no como fuente de sosiego. Esa era la otra Lima, la de un Visconti indiano, embellecida por basuras y miseria, por el tiempo cebándose en los cursis colores de las quintas, difuminándolos, por música de bocina de heladeros ciclistas: la Lima cara al esteticismo decadente y apolítico. Se demoró más de lo esperado de forma que, una vez en Barranco, apenas tuvo tiempo de volverse a duchar y cambiarse de ropa. Descartó entonces los microbuses como medio de transporte temiendo apretujones, el contacto con chusmas apestosas. Tomó un taxi y se encontró con veinte minutos por delante en el bar miraflorino. Se sentía cansado, con infinitos quilómetros en los pies y en el alma, pidió, pues, la primera cerveza de la noche, la deleitosa, miró a su alrededor, demasiado enamorado sin embargo para disfrutar de las bellas, y aguardó meditando. Andaba en los finales de la segunda Cristal y la espuma loca le había grabado un sonrisa de felicidad en el rostro duro, le imponía la embriaguez como tema de conocimiento —dos cervezas para ochenta quilos y estómago vacío es superior a cualquier memez de droga, era la tesis— cuando vio a Cecilia de repente tomando asiento frente a él.

—¿De regreso ya? No supe que viajaba —saludó la muchacha, guapísima hoy y duchada. Se le veía el pelo mojado, brillante, despedía olores agradables de perfumería. Luna pensaba rapidísimo dónde habría tenido lugar ese acicalamiento—. ¿Cómo te va, qué tal por la Sierra?

Se lanzó a hablar descontrolado. Poetizaba, narraba culto el

153

viaje, conceptual, abstracto. Soltaba un desfile de colores y olores, de sensaciones, con el propósito de prepararla para lo importante: sus pensamientos profundos sobre el Nuevo Mundo, las ideas recibidas de un territorio estepario donde no se reconocía. Insistió sobre el punto «llama», expresivo de verdad, decía, ese animal lo explica todo, no hay nada más, es lo mismo que el minotauro y Creta, igual relación. Debí quedarme más en la Sierra, permanecer un tiempo en soledad consagrada al pensar puro, al ser para mí, pero, ay, amaba. El viajero estaba enamorado. Lo comunicó. Se oyó a sí mismo y entonces calló a la espera, algo avergonzado. Frente a él, sin mirarle, sonriente, Cecilia se mostraba amable y fría. Hubo un largo silencio que Miguel aprovechó para llamar al mozo. Veía girar los carros en torno a la plaza, intuía el Haití en la otra punta congregando gentes y ruidos, se pasmaba con los anuncios luminosos que hoy se le antojaban de nuevo exóticos, le conferían categoría de hombre en tránsito, gozaba sensualmente de aquella noche en Miraflores a pesar de sufrir. Ya estaba de vuelta el camarero con su extraño pedido. ¿Por qué habría decidido Cecilia tomar café con leche y pastas? Contempló cómo merendaba tan burguesa y distante, a más distancia que cuando él la pensaba en el Cusco.

—¿Y cómo va el asunto político aquí? —preguntó tratando de relajarse, pero, maligno de inmediato, añadió tironeándose el cabello—. Confío en que sean más activos que allá arriba. Sabes, he podido experimentar en vivo todas esas zarandajas de la resistencia pasiva. Debo confesarte mis preferencias por el mestizaje. La resistencia me parece síntoma de cortedad y nada más, o desconocimiento de la lengua. Es la misma resistencia de mis aldeanos periféricos. La conozco ya de España esa resistencia por defecto, de tipo llama, y perdona por la recurrencia.

Cecilia sonrió combinando de nuevo frialdad y cortesía, le dedicó una amplia sonrisa en la que Luna leía el mensaje mudo: no esperaba de ti sino la superficial visión del país que tan graciosamente expresas.

Así permanecieron, ofreciendo para quien nada supiera la imagen de un matrimonio de diez años por lo menos, suave, tedioso, de roles bien asumidos —cerveza él, pastas ellas—, guapo y blanco, hasta que el pontiac rojo se subió a la vereda justo delante de su mesa soltando bocinazos. Marco bajó estrellando la portezuela y, sin saludarles, se dirigió hacia unos vendedores de flores parados en la esquina. Volvió al cabo de un momento acarreando un enorme ramo de claveles, lo ofreció a la muchacha y bromeó:

—Claveles para la clavela. Me disculparás, pero estos huevones no tenían rosas.

Tomó asiento sudoroso, jugueteando con las llaves del carro. Pidió trago y se lanzó a preguntar a Miguel, a palmearle la espalda en plan de bienvenida, de modo que pronto se enzarzaron en una conversación a dos ante la joven acicalada. Marco reía, vibraba su camisa a cada nueva interpretación de la vida andina, respaldada por su experiencia, unos días de laboratorio, que exponía el español sabio. Dijo cuando Luna terminó de contar disparates:

—Tú no conocías el Perú profundo, zambo, sólo esta ciudad tercermundista que decías te gustaba para basurearnos. —Hizo una pausa y le guiñó un ojo—. Ahora has visto otro mundo, conoces ya la dignidad, te sientes disminuido a tu vez y calumnias por ello. Te has quedado en la pura anécdota, en la apariencia. Eres un gringo.

De reojo observó a Cecilia al concluir su parrafada. Sostenía el ramo en su regazo, mantenía la mirada perdida a lo lejos, sobre la sombra de la Arequipa muriendo en la plaza luminosa, sin atender a los hombres parlanchines, en apariencia indiferente a las gracias que realizaban para seducirla o amistarla. Marco se pidió otra copa de pisco.

La presencia de Cecilia seguía despertándoles el mismo malestar algo después en La Herradura. No había habido forma de alegrar la cosa, de darle visos de reencuentro feliz. Sus intentos chocaban con la rigidez sonriente de la hoy devoradora de pastas. De todos modos, tesonero siempre, Marco acabó por proponer una comida de marisco en el lugar acostumbrado y a eso se entregaban sumidos en la oscuridad del Nacional de rumor a mar cerrado. Andaban en un ceviche mixto, fácil excusa para trasegar más cervezas, uno a cada lado de la patrona, atendiendo a sus deseos, sirviéndole vino chileno y rivalizando por ir a la rockola a ponerle sus canciones favoritas. Marco, apoyado en la caja de maléfica luz amarillácea, pensaba mientras apretaba teclas: es represiva hasta en sus gustos, véase si no, Patrona de los reclusos, El Preso... Sin embargo, se sentía en falta recordando los últimos días con Marisol y, luciendo una amplia sonrisa hipócrita, seguía escanciando vino tinto. No se veían las caras, evitaban mirarse y, si por casualidad lo hacían, su vista tropezaba con dos rostros fantasmagóricos y brillantes, de dentadura resplandeciente bajo aquella luz embrujada. Cecilia dio cuenta de la botella entera y al terminar de comer pidió por el baño y se encargó una copa de pisco. Los dos amigos aprovecharon para hablar a solas.

—Pendejo, te tendrás que dejar de depresiones, de mal de altura —decía Marco en tono cariñoso—. Yo ya puse anuncios, mi apartamento está a la venta. Si quieres ser socio, te tendrás que despertar, hermano. No es la plata, es que no puedo confiar en un tipo que se niega a subir a un bus porque va cargado de serranos.

—Ya hablaremos de eso —cortó Miguel—. ¿Sabes que han encontrado oro en el Madre de Dios? Pero bueno, noto turbulencias. ¿Sabe algo la patrona de Marisolcita?

Marco le apretó el brazo, le echaba el humo del cigarrillo a los ojos cegándole, hablaba apasionado, enamorado de verdad, cantando a su dama. Tuvo tiempo justo de explicar lo concreto —tres días enteros sin aparecer por la casona de Barranco— antes de que Cecilia hiciera su entrada caminando muy tiesa, como la recordaba Miguel en la noche de su fiesta-homenaje, en vano intento por parecer sobria, clavada la mirada al frente. No llegó a sentarse. Parada ante la mesa se bajó el pisco de un trago y dijo escueta: ¿Vamos? Les aguardó cara al mar invisible, bajo los reclamos de los antros de diversión y hedor, enfundada en sus pantalones ajustados, inmóvil por completo, los tres o cuatro minutos que ellos dedicaron a disputarse la cuenta. Dejaron el coche cuadrado frente al Nacional, caminaron silenciosos hacia la terraza del bar con fulbito y, tras subir las escaleras de madera, tomaron asiento en una mesa pegada a la barandilla. Encargaron cervezas y pisco. Entonces Cecilia se metió en el interior del local, que era dentro sala de baile y fuera de bebida y deportes, acostumbró la vista a una oscuridad casi absoluta, vio la rockola, se acercó y puso una canción. Poco después apareció sonriente en la terraza ante los dos amigos mientras se derramaba potente por el paseo de frente a la playa una canción de música salsa. Atendieron los dos hombres a la letra. Vaso de cerveza en mano, agitado el cabello por la brisa, interpretaban las palabras, traducían a conceptos aquellos gangosos sonidos, disimulaban pero se sentían mal. «Tu amor es un periódico de ayer que nadie pretende ya leer» era el mensaje. ¿Pero el amor de quién?, pensaba Luna, el de él, o el mío, o los dos. Marco por su parte no dudaba: era el viejo amor Cecilia-Marco. Ese idilio constituía ahora un titular «que nadie quiere ya leer». Se entusiasmaba, las letras de canciones eran su pasión. Sin embargo, varoncito en definitiva, se sentía herido. Ella le abandonaba. De poco consuelo resultaba Marisolcita ante este hecho evidente. Aparentando indiferencia, se balanceaba en la silla, sobre dos patas, el rostro hacia el cielo estrellado, sereno. Luego bajó la vista, echó una ojeada hacia su amigo, y al verle tan impresionado se emocionó, valoró todavía más tamaña amistad. A Miguel se le había quedado la boca torcida en un feo rictus, pero no por amistad sino debido al convencimiento, a la seguridad de ser él el amor muerto. Cecilia por su parte recobraba la alegría, su energía habitual. Parada ante la barandilla se dejaba azotar por la brisa, sondeaba la oscuridad buscando la cinta de espuma, agarraba firmemente la copa de pisco en la mano fina, movía las caderas a ritmo de salsa, deseable les daba la espalda. En la terraza estaban ellos solos, quizá en toda la Herradura, y mozos, como el que les servía las constantes cervezas pisando con sus flamantes zapatos sin suela el serrín cubrevómitos. La situación tensa obligó a Marco a aguantar sus imperantes necesidades fisiológicas. Cruzaba las piernas, sonreía. Por fin le fue imposible mantenerse sentado y se lanzó hacia los lavabos explicando su misión:

—Voy a hacer la pila.

Al ver desaparecer en la negrura del salón de baile la camisa a topos, la nuca crespa, Cecilia se volvió hacia el español y se lo quedó mirando con la espalda apoyada en la baranda. Un hermoso tipo altísimo y rubio, de pelo liso disparado y ojos locos, acodado a una mesa azul desteñida, rodeado de esqueletos de cervezas vacías, en una terraza que olía a mar y efluvios agrios; así se le aparecía.

—Salud —le dijo. Le ofreció su copa para que bebiera, le lanzó una mirada de pisco y amor. Cuando Miguel, después de tomar un traguito, le devolvió la copa, Cecilia la mantuvo en alto y antes de llevársela a los labios brindó—: Porque nunca se sepa.

Marco regresó del baño con la bondad alcohólica reflejada en su cara rubiesca, se acercó a la mesa de fulbito y propuso jugar una partida. Ni siquiera le contestaron. Separados por la mesa empapada de humedad salina, se miraban ajenos a cualquier estímulo procedente del mundo exterior. Llegaba hasta la terraza el sordo rumor del mar, nítido de repente.

—¿No van a poner música? —preguntó.

Continuaba sin enterarse, parado, aguardando una respuesta y preocupado por hallar un final mejor a su historia de amor con la patrona, un final feliz y digno. Volvió a meterse en el interior del local, se enfrentó a las tinieblas, alcanzó la máquina y trajinó un rato con las teclas para poner canciones abundantes. Al salir hizo de camarero —estaba el pobre titular dormido encima del sofá del rincón, sentado, muy tieso sin embargo—, cargó un cajón de cervezas, lo fue arrastrando por el suelo sucio, y esta vez el ruido de vidrio despertó a Luna. Brindaron, iniciaron conversación, pero pronto la borrachera solitaria de Marco se impuso, fijó tema, convirtió la noche agradable y tibia en una conferencia sobre la Sierra. Al orador le corrían raudales de sudor, arroyos nacidos en los pelos, de curso irregular, los ojos se le salían de las órbitas, sus movimientos cada vez eran más torpes. Derramaba más trago del que bebía. El español no pudo contenerse y tomó por debajo de la mesa una mano de Cecilia. La miraba sonriendo, pero pronto se le fue borrando la sonrisa y la cara de susto ocupó su lugar. Sintió cómo ella le pasaba la mano por los muslos —nada le llegaba a Miguel a través del pantalón tejano, sólo el cerebro transmitía excitación, no los sentidos—, a dos dedos de las rodillas del amante oficial, que hablaba ahora de la Reforma Agraria, serio, explicativo, deseoso de transmitir su mensaje. En cualquier momento iba a darse cuenta, pensaba Miguel asustado ante el cariz que tomaba el asunto, pues la patrona juguetona conducía ahora su mano diminuta por los caminos de la bragueta, y el solo roce de aquellos dedos en el miembro empezaba a surtir efecto. Se sentía tremendamente caliente, relegada a quinto lugar la amistad, a punto de saltar sobre la muchacha. Ella le guiñó un ojo y se contuvo. Se abrochó entonces la bragueta, se levantó y fue a acodarse en la barandilla mirando el mar. Simulando tener una idea repentina, propuso:

—Vamos a bañarnos.

Un vago resplandor blancuzco constituía la referencia única para los tres entes sumidos en las sombras. Caminaban como en un sueño —erótico el de Cecilia y Miguel— pisando la arena invisible, hacia allí donde debía encontrarse el mar de siempre. La pareja iba abrazada, metiéndole él la mano izquierda en el escote de la blusa de verano, desinhibido del todo por primera vez en la vida. Un poco más adelante, en la negrura, Marco continuaba desarrollando con voz grave la Reforma Agraria. Ahora de pronto se reía, contaba a Cecilia —ocupada en una nueva exploración de la bragueta del español— el día de la pelea, de la trompeadera a causa de la carta arrojada al océano.

—Dejó enamorada en Itaca, ¿sabías? No te me vayas a ofender, maestro. Le llegó cartita y yo la arrojé a las olas. Por eso se picó, ja, ja.

Se habían tumbado en la arena tibia, tranquilizados por la distancia entre la voz y ellos dos, se besaban enloquecidos, mordiéndose los labios, sin prestar atención a Marco que se impacientaba.

—¡Venga! ¡Venga! ¡Apúrense! No hay trampas, no hay agujeros. ¡Venga, a calatearse! No se ruboricen que no nos vamos a ver, no se ve ni a un palmo de distancia. ¡Apúrense, burgueses timoratos!

Estaba ya desnudo, metido hasta la rodilla en el agua mansa, mirando el cielo en vano intento de hallar estrellas o rastros de luna, ofreciendo el pecho a la brisa marina. El ruido de su chapoteo llegaba claro en el silencio de la noche hasta la pareja que se sobaba en la playa sucia, abandonada a esas horas por hombres y gaviotas. Mientras se desnudaban a su vez, Miguel gritó para tranquilizar al bañista:

—Danos tiempo. Métete tú si quieres.

—Está bien. Predicaré con el ejemplo. Van a ver qué tal tritón estoy hecho —dijo Marco zambulléndose.

Entonces, libres al fin, iniciaron el reconocimiento. Cecilia le susurraba al oído, jadeando, «jódeme», y se excitaba aún más con el sonido de la palabra española, mientras su acento suave enardecía a Luna el esteta. A lo lejos, de un seco donde reventaban las olas antes de lanzarse en un último viaje contra la playa, les llegaban las palabras burlonas del amigo borracho: «Venga, venga, español del carajo. Ya que no has entendido nada de la Sierra, ven a ver si aprendes algo del mar.» Pataleando, exhalando a dúo un sordo bramido, terminaron de consumar y quedaron tendidos, inmóviles, estremecidos todavía por sacudidas eléctricas.

—¡Ya! —dijo Miguel incorporándose—. Ahorita voy. ¿Está fría? —preguntó disimulando. Sonrió a Cecilia, una sonrisa que ella no podía ver y gritó—: Sí aprendí algo en la Sierra, zambo: la tierra es de quien la trabaja.

Ayudó a levantarse a la muchacha, la jaló de un tirón hacia arriba, oyó complacido cómo le reía el chiste. Luego, tomados de la mano, se fueron metiendo de a poco en el agua fría. Se soltaron cuando ya les cubría para nadar hacia donde Marco resoplaba y levantaba nubes de agua como un ballenato feliz.

XVII

Con la institucionalización del amor se olvidó definitivamente de España, quedó vacío de recuerdos, consagrado a vivir el presente, pero, a diferencia de los hombres libres, en función de otra persona. Sólo brevísimos momentos, durante el despertar matutino, le venían a la memoria retazos del viaje serrano, la luz en especial, el nerviosismo frío e inhumano provocado por aquellos parajes. Veía también los lentos camiones cuyas cabinas lucían casi invariablemente un Ché Guevara en blanco, negro y rojo, un patético «Venceremos», románticos carromatos a motor utilizados como transporte, nubes de indios, apretujados y de pie, sonriéndole. Eran los mismos camiones que atravesaban levantando polvo las calles de La Victoria, la avenida Alfonso Ugarte, sin llamar su atención ni la de Cecilia durante los largos paseos limeños. Pese a la belleza indudable del territorio tan rápidamente abandonado, se alegraba de estar en la capital, en la costa criolla. Sólo echaba a faltar un sentimiento. Allá arriba, mientras deambulaba sin motivo ya por los Andes tristes —en el Cusco fue, mirando la ciudad desde los cerros a la luz del sol poniente—, ese sentimiento se le había hecho patente con tanta fuerza que no fue capaz de valorarlo: yo soy el tipo que hubiera querido ser, el héroe de mi infancia. Hoy le sobraba tiempo —Cecilia tardaría en despertar, no partirían hacia Huaral antes de las 3 o las 4— para analizarlo. Fui, se dijo, el héroe, pero un héroe pasado de siglo, protagonista de una épica de la inconstancia y desorientado.

Me he convertido en un moderno viviendo una relación de pareja atípica, una pasión poco frecuente. Eso es todo. Cambió de tema, abiertos ya los ojos, parpadeando ante la luz primera y fiera, pensó en Marco como cada mañana. Seguía sin darse por enterado, italiano hasta en eso, en el ridículo. Era el único en toda Lima que no lo sabía. Apenas se dejaba ver por Barranco pues estaba entregado en cuerpo y alma a Marisolcita, cuyos encantos no dejaba de proclamar a través del teléfono durante cada una de las dos o tres llamadas que dirigía a Luna. El español aprovechaba entonces para saber de sus intenciones y planear el día por otros territorios lejanos y una noche relajada en la habitación de matrimonio sin temer la entrada intempestiva del amigo burlado. «¿Está muy ofendida la patrona, hermano? Me estoy portando como un chancho», decía invariablemente de saludo, y Miguel le tranquilizaba: «No parece muy afectada, no te preocupes.» Ni siquiera se sorprendía de la facilidad con la que Cecilia aceptaba sus mentiras, sus burdas excusas, o los regalos —tartas y bombones traídos al anochecer por un cholo uniformado— de desagravio. A su manera, pensaba Luna, también Marco ha dejado de ser el héroe de su infancia y vive sólo para una aburrida aventura, grotesca además sin que él lo sepa.

Salió a desayunar en ropa de baño, procurando no hacer ruido, no despertarla, al sol embellecedor. Nada más beber el primer sorbito de jugo, un ataque de risa le hizo atragantar. Desde luego Cecilia no era una mujer del montón. La recordaba dos noches atrás, en una sórdida cantina del Centro, borracha como una cuba y disimulando hasta el final, hasta perder el sentido y caer golpeándose la mejilla contra una mesa. Lucía ahora una mancha negra debajo del ojo izquierdo, paseada con dignidad por su lugar de trabajo ante ojos pitucos y escandalizados. Esa noche del accidente había sido perfecta. La fue a buscar a la salida de la oficina en el taxi más lujoso que pudo encontrar, y en él se desplazaron al Centro, al chifa cuyo dueño estaba reconciliado ya con la poesía. Permanecieron chupando un par de horas en compañía de los poetas y luego, a instancias del Muerto, se metieron en el cine de al lado a ver una película de artes marciales. «No quiero películas de tesis, cholita, me dan dolor de cabeza, me botan», explicó Quintana a la patrona. Durante hora y media, Miguel se aburrió a fondo mientras los otros dos se bajaban entera la petaca de pisco del vate previsor. A la salida Cecilia estaba ya borracha y terriblemente sedienta. Tomaron juntos algunas copas más, pero a eso de las once, en la Colmena, Quintana se despidió dando excusas. Una vez a solas se abrazaron, pasearon su sombra de centauro por la Colmena abarrotada, por San Martín, encornando con insistencia a Marco como pésimos amigos. Luego —daba la impresión de que una fuerza inconsciente les obligaba a exhibirse— tomaron un taxi y se encaminaron a Miraflores. Bajaron delante del Haití a la hora punta. Comieron dentro, con buen acompañamiento de cerveza, y luego se instalaron en la terraza a tomar un café glacé a una sola mano, cogidos de la otra. El resto se tornaba borroso. Poco a poco, conforme se alargaba, la noche se había ido acanallando incluso en cuanto a barrio. El desenlace tuvo lugar en una cantina mugrienta repleta de hombres ávidos cuyos deseos libidinosos se estrellaban contra la talla y envergadura lunares. El último recuerdo del español anterior a la caída de Cecilia era una larga meada en la pared-water mientras pensaba en las palabras de Marco el hedonista: «¡Tú no sabes lo que es! ¡Mear cerveza, a metro y medio de distancia, contra una pared, dando la espalda a los parroquianos y sin dejar de hablar con los amigos o la amada!» El percance de su compañera interrumpió aquel placer sencillo, le obligó a acelerarlo mojándose la bragueta y, a pesar de su rapidez, cuando llegó hasta la inconsciente Cecilia, algunos hombres la socorrían ya sobándola. Se la llevó a Barranco, la desnudó y acostó haciendo de enfermero. Luego, tumbado junto a ella, recorrió la larga noche de pesadilla sin poder hacer nada, en erección permanente, oyéndola resoplar a su lado. Se durmió por fin, a los primeros resplandores del día, al grito lejano de la cacatúa metiéndose por la abierta ventana de su cuarto de soltero. Despertó tardísimo, apenas resacoso para su sorpresa, y salió al patio en busca de Angélica con el fin de inquirir novedades. Cecilia había asistido a su trabajo como si tal cosa. A las ocho estaba ya camino de San Isidro luciendo los golpes en la cara, las ojeras, pero elegante y perfumada. El español ocioso ocupó las horas de la tarde en hacer flexiones, comer fruta y divertir a la sirvienta bromeando sobre la Sierra, parodiando el acento eseante. A diez para las seis llegaron las niñas e, inesperadamente, pues ese fin de semana era barranquino, vio como Angélica las acicalaba y mudaba, les preparaba el equipaje para ir donde su papá. Partieron luego dejándole preocupado, inquieto, devanándose los sesos en busca de una explicación a aquel cambio. Sin embargo, su nerviosismo duró poco. Cecilia hizo su aparición a la hora habitual, sonriente y magullada. Le dio un beso en el mismo vestíbulo, parándose sobre las puntas de los pies.

—¡Qué resaca! —dijo de saludo—. Anda, vamos a tomar una cerveza.

Miguel se sentó en el sofá naranja, cara a la avenida ganada por las primeras sombras, y sirvió cerveza en dos vasos colmándolos de espuma blanca. Dejó descansar un poco a Cecilia, que bebiera unos tragos antes de preguntarle:

—¿Por qué se fueron hoy las niñas si no les tocaba?

—Porque te tengo preparada una sorpresa —le explicó vaso en mano. La oscuridad impedía ver su rostro, la mancha negra bajo el ojo izquierdo, la sonrisa coqueta—. Te voy a llevar a conocer los lugares donde transcurrió mi pituca adolescencia. Un viajecito por Huaral y Ancón.

—Estupendo —Miguel se había puesto en pie de la alegría, caminaba por el saloncito—, pero habrá que alquilar un carro. ¿No vamos a ir en bus, no?

—Mañana. Saldremos mañana en la mañanita. Ahora tenemos la casa entera para nosotros dos. Le debo una explicación, ayer me quedé dormida sin más.

Miguel la recibió entre los brazos, dejó disimuladamente el vaso de cerveza en el suelo y le acarició el cabello. La luz que se filtraba por los ventanales, un resplandor amarillo y azul pálido, permitía ver tan sólo la sombra de la muchacha acurrucada contra él en el horrible sofá cuyo color la noche benigna aniquilaba.

Partieron antes de lo previsto, poco después de desayunar, a eso de las doce y media. Miguel había madrugado —se levantó silencioso, tratando de no despertar a la muchacha necesitada de descanso— para ir a alquilar el carro, y cuando regresó con el flamante volkswagen se la encontró preparando jugos y tostadas. Recorrieron la ciudad apacible y sucia deteniéndose sólo un momento en la Plaza Unión donde él bajó a comprar unas cuantas latas de cerveza. A eso de la una estaban ya en plena carretera, abiertas de par en par las ventanillas, cantando a voz en grito en pésimo dúo y bebiéndose las primeras cervezas del día todavía heladas. Miguel se sentía incómodo en aquel carro chiquito, apenas le cabían las piernas, la cabeza pegaba contra el techo, pero ver la carretera despejada, el tiempo espléndido y a Cecilia sentada a su lado le animaban a seguir cantando. Era ése su primer viaje de novios, lo aprovechaba al máximo mirando con avidez a todas partes. De tanto en tanto reparaba en algún chiringuito construido a pura basura, a base de cañas, calamina, cajones de cerveza, y en lugar de sugerirle miseria quedaba fascinado por el aspecto tropical que tan poco prodigaba aquel Perú desconcertante incluso en eso.

Pisaba a fondo el acelerador con el pie descalzo, agarraba a la patrona con el brazo derecho, miraba por la ventanilla cualquier cosa que no fuera la pista recalentada. Las vidas humanas sobre todo llamaban su atención, los lentos negros de poblado costero. Almorzaron en Chancay, en una explanada de tierra y mesas pintarrajeadas de colores chillones donde varios mozos les desatendieron, les dieron tiempo a jugar una partida de sapo mientras aguardaban su plato de pescado. En aquel restaurante polvoriento comenzó a malograrse la jornada. Cecilia bebió refrescos, no quiso probar más alcohol, se puso seria, le contó sobre el valle y sus luchas. Cuando el café, le reveló al fin sus planes y a Luna se le cayó el mundo encima. Otra vez se pusieron en camino, de nuevo pista ardiente, desierta —sólo tropezaron un carro cargado de poder simbólico, un negro coche de pompas fúnebres cuyo conductor, un chino enano, apenas llegaba al volante—, jalonada de arena. De pronto apareció una especie de oasis enfermizo, vegetación verde mustio, perros apáticos, naranjales. Detuvieron el coche frente a la hacienda y se apearon. Había algunos trabajadores sentados al sol en un banco de piedra junto a la puerta principal. Cecilia atravesó los jardines y se acercó al grupo. Unos metros atrás, parado al sol de la tarde, Miguel escuchaba. Le llegaban las voces apagadas, los saludos tímidos, luego un reconocimiento tibio, sin ilusión: «Ya me acuerdo de la señora, ahorita recuerdo.» La oyó preguntar por tal y por cual, agradecer, despedirse. Luna se hallaba abstraído pensando en la belleza de la hacienda, en el poder de los antiguos hacendados, en tanta voluntad invertida en naranjas, cuando la sintió a su lado hablándole.

—Están en una asamblea. Yo voy a entrar. Vete a dar una vuelta si quieres y te bebes una cerveza por ahí.

En lugar de caminar hacia las casas tomó el camino de los naranjos, anduvo pisando tierra y respirando olor a campo casi español. Se alegraba de no tener que asistir a la reunión política, de librarse de saludos desairados, pero por otra parte esta libertad de ahora le parecía similar a la del niño a quien se manda a jugar cuando los mayores van a tratar de cosas serias. Pronto se olvidó sin embargo del origen de su paseo y lo disfrutó a fondo deambulando por los campos hasta el crepúsculo. Volvió entonces al coche, se sentó y comenzó a hojear diarios.

—Miguel —dijo Cecilia despertándole bien entrada la noche—, hay una comida y nos han convidado, pero si no quieres venir no vengas. —Calló aguardando la respuesta, invisible, una sombra peinada—. ¿Qué les digo?

De regreso a Chancay, Luna cantaba aunque no por alegría sino con la intención de no indignarse. La patrona le había pedido que esperara y él se había negado, había confesado no estar dispuesto a pasarse horas y horas dormitando en el coche pequeño. Me voy de regreso a Chancay a ver si todavía encuentro un lugar donde dormir. Mañana a eso de las doce te pasaré a buscar, dijo. La idea de Chancay —puerto, pájaros marinos, olor a mar— se le hacía agradable. Sentía además deseos de soledad y ganas de comer en algún chiringuito, de bajarse unas cuantas cervezas sin Cecilia ni Marco. Llegó muy tarde y con tanto sueño que, nada más conseguir alojamiento se echó a la cama, no para dormir —lo notó de inmediato, estaba desvelado—, para torturarse nada más. ¿Dónde dormirá ella? ¿Cómo serán esos compañeros huidizos? Se entretuvo con estas reflexiones, dando vueltas en el catre carcomido, varias horas. A la mañana siguiente unos golpes en la puerta de la habitación le despertaron. Abrió medio dormido y vio entrar entre una nube de besos y buenos olores a una Cecilia radiante, matutina, que le devolvió al lecho a empujones de broma, se tumbó a su vez encima de las sábanas sucias y le abrazó diciendo: un regalito de domingo. Poco después, afeitado ya, frente a un tazón de café con leche y el mar Pacífico, Miguel inquirió por el modo de dar con él.

—Fue fácil. Pregunté por un gringo alto y fuerte. No había más que uno en este puerto —le contestó divertida.

Decidió olvidar la noche anterior, la cooperativa llena de cooperantes, la comida homenaje. Mejor no menearlo, sumirlo para siempre en el olvido. La muchacha dedicó el día domingo a transmitirle su cariño por el balneario ridículo y bello donde transcurrieran los veranos de la adolescencia. Recorrieron el paseo marítimo de Ancón tomados de la mano, almorzaron al sol, al aire libre, en un restaurante elegante donde Cecilia encontró a varios antiguos amigos. Se los iba enseñando al español, les hacía una señal de saludo desde lejos y le contaba en voz baja: éste es tal, aquél es cuál. Por la tarde, después del café, se empeñó en subir a una anconeta. Al principio Luna opuso resistencia pero terminó por ceder. Sentados en el carrito tirado a base de ciclista por monedas, dieron una vuelta por el malecón donde otras anconetas se cruzaban, donde las gentes paseaban mudadas, luciendo galas de feriado. Antes de partir, a la hora del crepúsculo —llegaba del mar olor a algas, a cadáver de peces descomponiéndose—, cuando los pájaros marinos lanzan chillidos sin eco, se besaron ante el público veraneante. La melena de Miguel, rubia y demasiado larga, subía y bajaba de forma mecánica, mecida por la brisa.

Veía debajo Polvos Azules, el puente del Rimac, las luces fantasmales de los cerros a lo lejos, brillos de faros de coche, el reclamo medio fundido de una botica. Estaban ya de regreso en Lima tras el periplo campestre, tomando una cerveza para postergar el reencuentro con Barranco y las niñas. Se habían detenido como siempre en el Centro y Miguel la había traído al restaurante arequipeño encaramado sobre Polvos Azules, al destartalado local de ventanales de madera donde unos meses atrás hablaran con Marco de Belleza. Conforme bebía, una tremenda serenidad se apoderaba del español, la noche y la ciudad le sedaban. Estaba hecho para ellas y no para las cooperativas o los balnearios.

Poco después, mientras tomaban café en el Haití de la Plaza de Armas, frente a la estatua de un Pizarro jinete, Luna resumió aquel sentimiento confuso, de tristeza floja y monótona, que le aquejaba. Dijo señalando a las parejas que se abrazaban y besuqueaban bajo los soportales, en las escalinatas de la catedral, apuradas, ansiosas e infelices:

—Hay algo peor que ser hijo de puta. Ser hijo de las postrimerías del domingo, un hijo del aburrimiento activo.

En la habitación de matrimonio, de limpio suelo de madera barnizada, a la luz de las farolas de afuera, Miguel cayó en la cuenta de que aquél había sido un día tedioso, el primero repetido. Su pasión tan consumada comenzaba a hacerse rutina. Decidió ponerle entusiasmo al tálamo y engañarse, pues si no se engañaba en eso difícil se le iba a hacer en lo demás. Molestó con tenacidad a Cecilia, le hizo cosquillas en la planta de los pies y la palma de las manos, le susurró al oído frases entrecortadas superando su propio sentido del ridículo. Serían las tres, las cuatro de la mañana, y él andaba dentro de ella pugnando por concluir de una vez, dispuesto ya a dormirse, cuando tuvo conciencia de una presencia hostil. También Cecilia abrió los ojos. Le vieron parado en el umbral de la puerta —detrás suyo la luz de la calle se colaba en el vestíbulo—, inmóvil.

—Será mejor que usted se vaya por donde ha venido y no

haga la situación más de película —dijo la muchacha con voz tranquila.

Marco la ignoró, dio unos pasos y comenzó a hablar puteando a Luna. Resonaba su vozarrón estrellándose contra los armarios, perdiéndose por los altos techos. No estaba borracho, pero la ira le daba un acento raro.

—Sal de ahí, huevoncito.

Al principio Miguel se contentó con mantener la guardia alta, parar las embestidas, esquivar patadas. Luego, cuando comenzó a sangrar por las narices y la boca, atacó a su vez queriendo hacer el mayor daño posible, pero tarde ya. Marco le vapuleó a conciencia, le tiró contra las paredes, le pateó en el suelo, ante la mirada de Cecilia que permanecía muda en la cama, sin moverse siquiera. Por fin reparó en la silenciosa presencia de las niñas, unas sombras en pijama blanco, y se detuvo. Debía ser para ellas un espectáculo inaudito aquel combate de adultos en el que uno de los contendientes estaba completamente desnudo. La pequeña llevaba el osito bajo el brazo.

XVIII

La voz histérica de la cacatúa le despertó por fin, le hizo abrir los ojos y volver a cerrarlos heridos por los rayos del sol que daban de lleno en el catre y cuyo reflejo contra la pared de enfrente la teñía de un blanco postizo. Se miró el brazo derecho para comprobar la ausencia de vendaje, luego llamó a Angélica y le pidió un espejito. El cristal agrietado le reflejó ojeroso, más delgado, devolviendo una mirada sin brillo, amarillento. Sin embargo las narices no estaban ya hinchadas y la tumefacción de las mejillas había desaparecido. Podía incluso mover la mano derecha, usarla para sujetar la navaja de afeitar. Bajó de la cama sin ayuda, dio unos cuantos pasos vacilantes por su cuarto de soltero, se sentó luego llevando la ropa en la mano y comenzó a vestirse. Por primera vez en dos semanas iba a salir, a olvidarse un momento de la dependencia de enfermo. Anduvo tambaleándose por los pasillos hasta alcanzar el patio descubierto donde Angélica y la radio cantaban el mismo huaino y las moscas se pegaban a las paredes en silencio. La empleada le saludó, le dedicó una sonrisa amistosa al ver que colgaba el espejo y se afeitaba allí, como hiciera siempre antes del desastre. Mientras se afeitaba, cuidando de no apretar, temblorosa aún la mano, iba pensando, pero parecía que al sol y al aire libre sus pensamientos eran menos mezquinos. Durante aquellas dos últimas semanas, convertido en un ser resentido, femenino, Cecilia le llenaba la cabeza. Desde el lecho de achacoso, relegado al cuarto monástico donde durmiera antes de sus amores con la dueña, estudiaba los mínimos acontecimientos domésticos, reducidos casi siempre a ruidos para él. Reconocía las voces, el abrir y cerrar de puertas, las llamadas de claxons masculinos al anochecer, y de todo ello había confeccionado la historia de la vida de Cecilia compartida en los últimos tiempos con otro hombre. Al hombre en cuestión le conocía ya, le detestaba sin necesidad de otros motivos, simplemente por ser un filósofo izquierdista dado a hablar de solemnidades, antes de averiguar los horribles matices de su voz impostada. Se le venía Lima encima por un montón de cosas, pero el sentir aquel idilio como una traición contra su persona contribuía a hundirle. A veces trataba de bromear, de recobrar el viejo sarcasmo. Se decía: si la sorprendo en la cama con el filósofo, la emprendo a patadas con él como un auténtico caballero español. Más tarde, charlando con Cecilia, que no olvidaba nunca hacerle visitas, bromear, interesarse por su estado, se avergonzaba de aquella concepción de las relaciones tan primaria. Además, en la última semana la patrona se había acostado con él en un par de ocasiones, intentando sin duda conferir al amor apasionado de atrás la categoría de amistad civilizada, de modo que Miguel no tenía ningún motivo para protestar. De todas formas, ahora al sol del patio, dando manotazos a una avispa, decidió no aceptar las nuevas reglas del juego. Yo no soy moderno, mierda. Me repugna la modernidad. Soy sólo un nervioso, un ansioso pasado de siglo, no un contemporáneo activo. Ella puede mostrarse civilizada teniéndome a mí de favorito, de padre adoptivo, de amigo exótico y mantenido, pero yo, apaleado, pobre, con la voluntad en su punto más bajo, no puedo sino religarme demasiado, establecer una relación de dependencia. Se sentó a la sombra, aspiró el aire cargado de aroma vegetal, miró el torreón hendido. Necesito salir de aquí. Necesito plata. Me iré bien lejos, a Nueva York quizá, como quería el paticorto. Sonrió recordando a Marco, en quien no podía pensar con odio. Se comportó espontáneamente, nada más. Tuvo suerte de mi mala conciencia, yo soy más fuerte, le hubiera sacado la mugre en condiciones normales. ¿Dónde estará? ¿Seguirá con Marisol? Poco antes del almuerzo —llegaban desde la cocina sin puerta olores de comida— hizo acopio de valor y se dirigió al teléfono. Había marcado ya dos números cuando se detuvo, colgó el aparato. Se sentó entonces en el sofá naranja frente a los ventanales de entornados postigos en plena canícula, abatido de repente. No se atrevía a dar el primer paso, a sorprender al amigo con su voz, a arriesgarse a recibir un desaire. Estuvo meditando un rato, entornando los ojos inútiles casi en la penumbra del saloncito-biblioteca, hasta recuperar fuerzas. Tomó otra vez el teléfono y solicitó una conferencia con España a cobro revertido. Mientras aguardaba, se durmió. Le despertó el timbrazo, fuera del mundo contestó y supo de la ausencia del padrino Martín a través de una voz anónima: «Este señor no se encuentra, señor.» Casi al mismo tiempo llamaron a la puerta. Salió a abrir y recibió los besos de las niñas sudadas. Te levantaste ya, Miguel, le dijeron. Anda, vamos a jugar una partidita. A lo lejos, desde el patio, Angélica les reclamaba a todos para el almuerzo.

Comía con algo más de apetito que en los últimos días, silencioso, concentrado en su futuro. ¿Dónde debe estar ése? En su culta Italia seguro, paseando vejez y calva por entre piedras recargadas de historia. Y me deja abandonado, sin un duro. Maldito padrino sabio. Esperaré, tengo cama y comida. Es cuestión de desterrar el orgullo, de aguantar. ¿Y el filósofo? No resistiré. Haré una escena ridícula. Sentía ganas de fumar y no tenía tabaco. Se comió dos platos de arroz con leche tratando de mitigar sus ansias de humo con el dulce. Al no conseguirlo, aceptó la partida de naipes que las niñas le habían propuesto.

—Venga, apúrense. Terminen de almorzar y jugaremos un ocho loco —dijo.

—A diez —exigió la pequeña—. Cinco sin caes y cinco con caes.

Era un día de calor tesonero y húmedo. Se cebaba sobre ellos llenándoles de sudor cara y sobacos, levantaba malos olores indefinibles que se quedaban allí estancados a falta de viento. Huyeron del sol, se sentaron a la mesa del segundo patio, el cubierto, y dieron cartas. Las niñas habían puesto sobre el plástico lleno de agujeros de quemadura de cigarrillo varios billetes arrugados. Luna los miraba con avidez mientras estudiaba las cartas de la primera mano pensando que sólo un poquito de suerte le separaba de los cigarrillos.

Se fueron las niñas apestando a colonia, y Miguel mandó venir a Angélica. Le dio unos soles y la envió a comprar cigarrillos.
—Quédese el vuelto —dijo generoso.
Maldecía la existencia de aquel colegio estival, aquel armario infantil donde Cecilia desterraba a sus hijas en época de vacaciones. No tenía el menor deseo de leer, sólo fumar le apetecía, y echar humo no sería suficiente para matar la tarde. Anduvo recorriendo la casona, midiéndola a pasos, pensando en España con ganas, tratando de despertarse la idea del regreso allá. Oyó por fin abrirse la puerta de la calle. Angélica llegaba con los cigarrillos. Fue a su encuentro, tomó la cajetilla y se metió en el saloncito.

Por las rendijas de los postigos entornados se colaba un poco de aire que estremecía las flores ancianas del jarrón, oreaba las páginas de un libro desplegado sobre la mesa. Tumbado en el sofá, Miguel dormitaba gozando de la calma y de las moscas. La radio transmitía informaciones, anuncios, música suave, ronroneaba en un rincón, prendida todavía y olvidada, cuando un pontiac rojo llegó en contradirección por la avenida, se subió a la vereda delante de la casa y se detuvo en silencio.
Marco bajó del carro, echó una rápida ojeada a la casona, permaneció parado un segundo, se acercó luego a la puerta y la abrió sirviéndose de su viejo llavín de amante. Luna, alertado por el rumor de pasos, abrió los ojos y le vio a contraluz, al pie de la librería, sonriente, jugueteando con las llaves.
—¡Hermano! —exclamó—. ¿Se te pasó el rencor? ¿Dónde has estado?
—¿Rencor? Tú eres el ofendido —dijo Marco. Estaba muy moreno, atildado, de aspecto saludable. Empezó a hablar como si

tuviera ya el discurso preparado pero echaba constantes miradas a la puerta, temeroso quizá de una repentina llegada de Cecilia.
—Peligrosos tiempos, oiga. Llegué al día siguiente de la pelea hasta casa de Marisolcita, con sortija de diamantes y todo. Afortunadamente me arrepentí en el umbral. El juego me obligó a vender la sortija y me escapé una vez más. Atlanta y después Río y Calimantán me esperan todavía, y Frida y Periquita y Teresa Batista también. A los cuarenta años, como todo caballero que se respete, tendré un hijo, y a los sesenta escribiré mis memorias y me moriré. —Calló un momento y miró a Miguel. Añadió sonriendo—: En Piura he estado. ¿Y tú? ¿Te sientes bien ya? ¿Sanaste? Anda, vámonos antes de que llegue la patrona.

Mientras permanecieron en el pontiac, recorriendo los barrios de mar a la hora más bella, fumando y charlando, Luna no notó nada, pero al bajar sintió mareo, el mundo exterior le hería después de tres semanas de guardar cama. Tomaron asiento en una de las mesas exteriores de la Sueca, cara a Larco donde pronto comenzaría el espectáculo del paseo vespertino. Bebiendo a traguitos un café aguado, exhibiendo el rostro pálido al mundo miraflorino, Miguel pensaba que los últimos días eran mentira. Una simple pesadilla hogareña y cornuda. El cúmulo de sensaciones a aquellas horas en Larco, iluminada ya, resultaba excesivo, convertía en ceniza la molicie, los malos pensamientos secuela de los golpes. El recuerdo del horror perduraba sin embargo en la purificada mente lunar: una mujer menos loca o más enamorada, y ahora sería pasto definitivo de paredes, animal de horarios y tarjeta. Me jodió la Sierra además; olvidémoslo, no debe existir el lamento. Volveré allí hecho otro, alguien capaz de no saber dónde va a dormir ni con quién, un hombre. Los nervios se manifestaban a través de deseos de humo. Se levantó de repente, dijo a su amigo:
—No vuelvo a beber. Llevo veinte días abstemio por obligación y voy a aprovechar para limpiarme. Fumar sí, pienso hacerlo.

Caminó unos metros por la misma vereda, mirando al cielo sin color, simplemente oscuro, entró luego en el Hogar del Fumador y compró un par de cigarros panameños con los restos de la plata ganada a las niñas.

—¡Decidido! ¡Yo tampoco! Los hombres de negocios deben conservar la cabeza fría —le dijo Marco al verle regresar.

Permanecieron un rato en silencio, estiradas las piernas, contemplando la avenida irreal, un sueño descriptivo. Lima se iba, era puro paisaje, ciudad de paso cara al viajero. Notaron por fin el cambio de público en la pastelería. Miraron el reloj, decidieron ir a comer al Haití y caminaron despacio. El sudor de los sobacos se secaba sobre la camisa de Marco.

—Bueno, hay que salir de aquí.

Al afirmar esta evidencia, Marco sacó a relucir el asunto demorado. Desde el altillo, en una mesa que daba a la baranda, dominaban el Haití en pleno, a sus gentes repetidas, las coronillas calvas de muchos hombres de buena facha cara a cara. Marco hablaba en tono monótono, como si recitara. Tengo la plata guardadita en el banco, íntegra, el apartamento completo a su valor casi justo. No podemos aguardar: el sol se apaga. El Norte es la cosa, nada de oro de momento, el Trópico de verdad, sin garúa, sin tristeza, sin valses. Si proscribimos la vecina Quito y su casino podremos ahorrar cualquier cantidad. Allí todo es gratis: mar, mujeres, fruta. ¡Ah! Y podemos comprar libros, hacer servir al cerebro que también es nuestro, ¿no? Bueno, no queda otro remedio: tendrás que acudir al viejo. Mañana mismo, ¿oyes?

Miguel escuchaba aquella cantinela convenciéndose de que Marco tenía razón. ¿De dónde sacar si no la plata? El padrino Martín podía tardar un mes o dos en regresar a España, y aun en el caso de dar con él, el préstamo resultaría insuficiente para el negocio norteño. De todas formas, la idea de visitar al padre, de acudir a su habitación de hospital, se le hacía odiosa. No quiso comprometerse, cambió de tema.

—¿Sabes quién es ahora el número uno de la patrona? —preguntó, y se contestó de inmediato—: Costa el filósofo.

Marco resopló, aporreó la mesa con la pesada pipa fea.

—¡Esa cosa! La última vez que le vi me dijo que estaba «trabajando» a Mariátegui. —Bajó el tono al notar que las gentes de abajo le observaban y susurró—: Seamos realistas. Olvidemos a Cecilia, sumámosla en el olvido eterno.

Salir de Lima, bien lejos otra vez, a territorios donde pudiera recuperar la razón como placer, el pensar como arte, sin tensiones, sin utilidades. La sola referencia a la maltratada cultura, esa cultura democrática y estúpida —que se entregaba a Costa, abordable por cualquiera— le sacaba de sus casillas. Regresaré a los presocráticos, a los matemáticos árabes, viviré el amor en su lugar: en los libros. Como dice Marco, haré trabajar duro al cerebro, pobre, tan relegado. Mañana iré a ver al viejo, conoceré a mi causa primera.

Entraron un momento en los baños de caballero a pegar un tiro. Después, pletóricos, más altos y fuertes todavía, atravesaron las mesitas mirando al parque, aspiraron un momento el aire de la noche y se metieron en el pontiac.

—¡Dios existe! —exclamó Luna arrancando marcha atrás.

Marco no entendió el por qué de la maniobra brusca y extraña. Se asustó cuando oyó el ruido del choque, el posterior gemido.

—¡Frena! ¡No ves que le has atropellado! —gritó agarrando a Miguel del brazo. Sin embargo, al reconocer el rostro del tipo que les miraba con ira apretándose la pierna golpeada, se echó a reír y dijo—: ¡Bravo, zambo! Estamos vengados los tres: Mariátegui, usted y yo.

XIX

Don Miguel Angel, al despertar de la siesta, se encontró con una habitación a oscuras impregnada de olor a medicamento, a sudor, a cerrado y colilla vieja. La puerta acolchada, los postigos tapando el mar y adelantando la noche, le tenían acorralado. Prendió la lamparita, se incorporó y mientras se mesaba los cabellos echó a faltar a García. Hacía un par de semanas que el doctor no le venía a ver. Ya no volverá ese resentido, se venga a su manera. Apartó las sábanas de un manotazo y permaneció algunos minutos completamente desnudo fumándose un cigarrillo en la cama. Luego recorrió la habitación, pegó patadas a las revistas desperdigadas por el suelo, dio varias vueltas y por fin se metió en el baño. Otra vez lo de siempre, la rica bañera compañera, el relajamiento húmedo y cálido. Y hoy ni siquiera parece haber moscas cazaderas. Contempló la caída del agua del chorro humeante sobre el lago que poco a poco se formaba en la bañera, cómo se teñía de rosa al contacto con los geles y sales desodorantes. Se metió quemándose, resoplando, interpretándose de payaso para su propio deleite, buceó boca arriba, levantó la cabeza y se tocó los rizos mojados. Doce por trece, comenzó, veintidós por once. Mi juego de la tarde. Al alcance de la mano, en el suelo, tenía la calculadora japonesa. Yo me pongo mis problemas, yo me los resuelvo. Este es el juego Individualista, con mayúscula. Ciento cincuenta y seis. Lo comprobó en la maquinita de teclas diminutas, difíciles de pulsar de una en una. Doscientos doce. ¡Imbécil!, chilló en voz alta. Dejó otra vez la calculadora y se tumbó casi por completo mirando al techo y tratando de relajarse pero cuando salió al cabo de un rato, en pijama azul, peinado, y acudió al balcón y lo abrió, se llevó la desagradable sorpresa de que aún era de día.

Acodado en la baranda aguardó la caída de la noche sin querer mirar el reloj guardado celosamente en el cajón de la mesilla. Bajaban y subían las gaviotas en busca del mar lanzando chillidos de animal venido a menos, algún carro arrancaba o frenaba a lo lejos; sin embargo, ante sus ojos todo permanecía inmóvil, pétreo. El pedacito de malecón continuaba desierto, sucio, con vestigios de vida humana. Nunca consigo verlos y eso que vienen seguro, allí hay cigarrillos, papeles de diario —forzó la vista sin conseguir desde aquella altura leer la fecha de una página doble anclada a sus pies—. Escupió varias veces intentando acertar a una piel de chirimoya, silbó un tango con las dos manos metidas en los bolsillos del pantalón de pijama. Por fin se convenció de la hora, no lo podía afirmar con certeza, pero todo —chillidos de gaviota, luz, silencio opresivo— indicaba la tarde de verano. Faltaba mucho para el anochecer, para el mejor momento del día que don Miguel Angel saboreaba desde el balcón de la residencial asediado por las sombras y las percepciones lentas. Fue hasta el teléfono rabioso y lo agarró tanteando, con la luz a sus espaldas, mecida la chaqueta de pijama por un conato de brisa.

—Navarro —pronunció con desgana cuando el otro se dio a conocer—. ¿Cómo le va? ¿Qué hubo?

—Chico, tenemos un asunto serio en Tingo María. La madera no marcha. Hay problemas. Voy a irte a ver y ya hablaremos.

Luna se sentó en el borde de la cama, prendió un cigarrillo, le pegó una calada antes de contestar, habló despacio:

—No hace falta que vengas. A la mierda la madera, toda tuya. No quiero saber nada de maderas, estoy harto de la selva, no tengo edad para ir a sudar más que a los turcos. Que se la coman las carcomas. Y tú, ¿para qué quieres más plata? Te rebosa.

—No seas huevón, chico. Tienes calentura. Te iré a ver quieras o no. No jodas ahora, huevón, no te hagas el altruista, el arrepentido.

Seguía sentado en la misma posición, la colilla colgando de la comisura izquierda, botando un hilillo de humo que iba a meterse directamente en el ojo. ¡La madera, la madera! Vaya forma de llamar a los negocios selváticos. No volveré a eso. Ahora sólo lanas y las agencias de viajes y mis hotelitos de la Sierra. El único placer que le sacaba a las maderas Navarro-Luna era algún viaje en avioneta. Me resultará menos gravoso, más privado, alquilar de tanto en tanto alguna. Ha llegado el momento de jubilarme, todos tenemos derecho a ello por extrañas que parezcan nuestras actividades. Hasta los fareros se jubilan. Y el pelma de Navarro no me deja, pegajoso socio empeñado en mi bien. En la cristalera las moscas se aparean felices gozando del calor, se suben unas encima de otras formando montoncitos negros. Debería domesticarlas, necesito un proyecto, algo futuro. Siempre he tenido alguno y mejor todavía si fuera a medio plazo. Salió en batín, seco ya, acudió al balcón donde la luz y la calma se mantenían. Fumaba sin parar, maltratando los pulmones en busca de no dejar órganos sanos a la tierra —bien trabajados ya el hígado y el corazón—, clavando ambas manos en el hierro oxidado, un antiguo tendedero. De repente se encontró el deseo: Europa. Regresar en un buque de lujo, atendido por cientos de camareros, jugando al póquer con gentes que no fueran Navarro y sus chicos, bajando en las escalas para conocer mundo. Ese sería el inicio, una coronación final. Completaría de este modo el primer viaje, el al revés, para acá. Sonrió recordando el hierro flotante, los gallegos de la borda, los suyos propios compañeros de camarote, el cura tétrico, las serpentinas y pasodobles. Se le había disparado la zona de los recuerdos, el pedazo de seso donde los nervios los guardaban apretujados en un espacio increíble, conservados en previsión de que unas moscas al joder los rescataran. Poco a poco el rostro se le volvía humano, la mirada, perdida, andaba por las playas de abajo menos imposibles que recuerdos tan viejos. Era un camarote minúsculo, para cuatro, donde los gallegos, padre e hijo idénticos, habían instalado una jaula de caracoles de baba fácil. Soltó una carcajada —los ecos roncos se propagaban por el malecón soleado—. Una temporada en Europa, pues. Allí sería fácil distraerse. Conciertos y sobre todo museos, ahora que ella había muerto, santa Elena sabia. Siempre le había gustado la pintura, hora era ya de aprovechar sus dotes para negociar y disfrutar a un tiempo. Coleccionista. Eso limpiaría el dinero de la madera. Sintió cambiar la luz, arrosarse un poco, acercarse a la media. Seis y media por fin. Entonces, mientras daba insistentemente el culo a la cámara de hospital, se produjo el auténtico proyecto. Rimbaud lo quería hacer y no pudo, la muerte lo jodió. Una sor Rosa individual, agraciada y joven. Italiana estaría bien, española si no. Le enseñaré a jugar a los naipes, todo tipo de juegos, cientos, la compraré con mi plata y luego la seduciré con mi humor y mi paciencia erótica. Viviremos siempre en verano o como mucho en primavera, a caballo entre dos continentes. Una vida modélica y perfecta, pues el hijo que no podría tener lo tengo ya y sin mocos. Los coches sonaban más cerca, los claxons hacían las veces de sirenas en aquel puerto sin barcos. Abandonó el balcón para ir a mirar la fecha en su reloj, regresó luego a la baranda y calculó. Hacia mediados de abril sería lo ideal. Me llamaré a mis agencias y les ordenaré que lo preparen. Los vio aparecer a su izquiera, indescifrables al principio, dos puntos chirriando sobre el asfalto. Cuando se acercaron más distinguió las bicicletas, trató de ver sus rostros de niño pero dieron la vuelta, le negaron la palabra. ¿Cuánto falta? ¿Es bisiesto o no este año? ¿Y eso qué significa? Jamás supe de esas cosas. Ni meridianos, ni paralelos, ni los cuartos en inglés, ni las mareas.

Una metita había bastado para cambiar la vida carcelaria. Don Miguel Angel, vestido por fin, privado del asqueroso pijama de enfermo, consultaba su agenda sentado en la cama. Pidió datos al informador de siempre, apostó luego aunando sabiduría y presentimiento estético. Los nombres de los caballos se le imponían relegando a segundo término cualidades y biografía bestial. Mal negocio es esto por teléfono, una ruina. Volvió a marcar. Vencedor, ponle veinte a Vencedor y no me llames, yo llamaré. De repente aquel nombre clásico se le había revelado genial de puro usado, debía ser bueno y tener seguridad en sí mismo quien respondiera con un relincho a ese tópico. Cerró los ojos y se proyectó la película, censurada —estaba él, protagonista pasivo, sin el wisqui en la mano—, trató de imaginar la cara de Vencedor, su cuello altivo y los ojos bobos entrando primeros en la meta. Penúltimo, señor. A la mierda, no apuesto más. Colgó indignado. Es una sensación económica, no es lo mismo, como un póquer radiado, muchísimo más parecido a la bolsa, a la lotería. El escenario resulta fundamental: el nombre del barrio, la palabra «hipódromo», los cerros pelados y el lujo absurdo, los taxistas apostando con rictus, los jóvenes con alegría, y jamás una gota de lluvia, un secarral de febrero al sol. Salió de nuevo al balcón, un minuto escaso, hasta que se le ocurrió la idea.

El licenciado en medicina García se alegró cuando sor Rosa le dio aviso de la llamada del de la 3. Andaba ya de calle, a punto de salir, a media hora escasa de la enamorada y bromeaba con su sustituto, uno nuevo, cuya visión del mundo y del enfermo era radicalmente opuesta a la suya. Ven, le vas a gustar mucho al señor Luna, le dijo, se entusiasmará con tus sistemas. Abrieron la puerta acolchada tras una simbólica llamada de médico y al entrar encontraron a don Miguel Angel de pie en el centro de la habitación aguardándoles. La luz del atardecer y los ruidos sosegados de afuera conferían al cuarto aspecto de libertad vigilada.

—Buenas tardes. He tenido sueños, García, siéntese. Ya ve que es un asunto importante —saludó el enfermo sin mirarles, clavados los ojos en el Mediterráneo fosilizado de la marina. Pareció reparar de repente en la presencia del nuevo y añadió—: ¡Vaya, trae usted escolta!

—Disculpe, no tengo apenas tiempo para quedarme, de hecho ya no estoy de servicio. Le presento al doctor Salazar, un joven más de acuerdo con sus teorías.

García les vio estrecharse la mano y sonrió al percibir en su colega una expresión de sorpresa y de susto. ¿Qué querrá ahora? ¿Qué chucha hace vestido? Algo importante debe haber pasado para que se tragara el orgullo y me llamara. Echó una rápida ojeada a los tubos desparramados sobre la mesilla, constató que todo parecía en orden, en el silencio escuchó a lo lejos el rumor del mar preparándose para la noche. Mal asunto, una relación difícil, se lo va a comer al pobre. El viejo actuaba como un alumno malo y cruel, había obligado a sentarse al doctorcillo nuevo y se mantenía de pie ante él, observándole con impertinencia. Debo echarle una mano. No se movió sin embargo, aguardó el desenlace, pero intervino por fin al ver que el enfermo le había hecho quitarse la flamante bata blanca a Salazar y pretendía probársela.

—Jorge, no tienes que seguirle la corriente —dijo—. El señor Luna tiene tan sólo un problema de dependencia alcohólica.

Don Miguel Angel devolvió la bata, se sentó a su vez en el borde de la cama, junto a Salazar, bostezó y habló a García.

—He pensado irme una temporada a Europa, lo he soñado, vamos. Después de la cura completa, claro. ¿Qué le parece?

Lo sentía, era agradable en el fondo tener allí, en aquel soporífero trabajo, a don Miguel Angel. No obstante contestó siguiendo las reglas del juego:

—Bestial. Me parece muy bien que se regrese.

—No, García, no es definitivo, unas simples vacaciones de negocios. ¿Pero ya me irá bien para el yo? Piense que se me van a despertar muchas vivencias: los restos del caparazón óseo del aparato deseante de mi mamá reposan en esas tierras.

El doctor García abrió la puerta, se le quedó mirando, se fijó en la bata tirada sobre la cama, en Salazar sentado junto al viejo, atónito, de paisano, despojado de la dignidad doctoral. Contestó muy serio.

—De maravilla. Es un continente cargado de cultura. Hay excelente trago. Para el yo no sé, pero para el paladar le irá de maravilla.

Le dio la espalda, salió al pasillo y llamó al pie de la marina:

—Anda, Jorge, vamos.

¿Por qué no supe guardar la compostura? Me ganó el joven Freudbach de mierda. Permanecía sentado en la cama, absolutamente inmóvil e invisible, clavando la mirada en el balcón, fuente de resplandores y aire casi nocturno. Lamentaba haber recurrido a sus derechos de rico —un momento, García, les quiero ver mañana aquí, quiero un buen masaje de alma, lo pago, ¿no?—. Con ello consiguió deprimirse otra vez, sentirse alcohólico. Trabaja bien ese García, a la nota «alcohólico» la proyecta perfecta como esencia, sabe transmitir su confianza en el paciente. Se esfumaba el encanto del proyecto de viaje, al reflejo de las farolas del malecón perdía vida, la brisa lo arrastraba lejos. Don Miguel Angel pensaba seriedades, no podía desprenderse del sentimiento de derrota en la batalla. La noche definitiva le distrajo por fin —llevaba más de una hora tocándose los rizos en la habitación a oscuras— con su luz de primera cerveza, sus olores y estremecimientos nerviosos. Le invadieron deseos ridículos, ansió escuchar sirenas de barco, señales de partida, cuando el amor, enamorado de lo breve, se agita. Oyó un frenazo, creyó reconocer el ruido del coche de Navarro y se desplazó hasta el balcón para saludarle, decirle adiós. Vio sólo un taxi viejo de cuyo interior surgía reptando una interna vieja, acabada y rica. El portero la ayudaba ofreciendo a don Miguel Angel un plano aéreo de su gorra. Ahora que tengo la plata no soy capaz de conservar la ilusión, los proyectos no se aguantan. Eso debe ser la vejez. La vejez debe ser mala por eso, no por los dolores o el sexo perdido o la muerte tonta y creíble ya. Se metió entonces en la celda, prendió todas las luces, también las del baño, agarró el mazo de cartas, se sentó en una silla meditando. Pronto le volvió el ánimo, consiguió incluso inventar un juego. Al sencillo solitario de siempre le confirió sentido: si lo sacaba a la primera, la novia tendría quince años, por cada nuevo intento tres años más. Caso de que llegue a los treinta abandono, no me caso.

Sor Rosa se lo encontró así, con los naipes desplegados encima del sillón, vestido y calzado. Había entrado silenciosa, le había visto la nuca y el cogote concentrados, muy tiesos, y llevaba segundos observándole sin atreverse a interrumpir su trabajo para darle una noticia quizá mala.

—Tiene visita —susurró—. Tiene visita, don Miguel Angel —repitió gritando casi.
El viejo no hizo caso, siguió atento a las cartas, con alegría vio la última, y la colocó en su lugar. Veinticuatro. No está mal del todo, edad de razón, bueno, de razón de ellas. Menos problemas, saciada ya de estudios, bien lograda para mí a través del valet, con el culo ya definitivamente en su sitio, capacitada para valorar la plata y mis dichos.
—¿Navarro, no? ¿Navarro el maderero?
—No, señor. —Sor Rosa dudó un instante. Le quería, trataba de hallar una forma suave de comunicárselo. Se decidió por fin—: Es un señor joven... Su hijo, dice.
El señor Luna se puso en pie.
—¿Dónde está? —preguntó.
—Abajo. Le he dejado aguardando en la sala de visitas.
Le puedo decir «papá se casa». Es un buen saludo. Se acercó a la mesilla y puso el hilo musical. Eso hará menos incómodo el silencio.
—Bueno —volvió a colocarse la americana por encima de los hombros, metió las dos manos en los bolsillos—, dígale que pase.
Santa Elena vive, pensó de inmediato al verle. El joven Luna entraba en la habitación agachando por instinto la cabeza. Se cree más alto de lo que es en realidad, pero al uno noventa sí llega, hasta puede que un poquito más. ¡Qué rubio es el cabrón! La bestia madre trabajó bien, concentró sus genes abúlicos y elitistas sólo por joderme.
—Siéntese, por favor —le dijo indicando el sillón. Se dirigió luego a la monja—: Traiga cerveza para él y para mí un café exprés, ¿oyó?
Cuando sor Rosa regresó con la bandeja cinco minutos más tarde, se los encontró jugando a los naipes. Don Miguel Angel había quitado el hilo musical y repartía cartas cara al balcón abierto, al aire invisible teñido de negro.

XX

Supuso que le estaría mirando desde arriba y caminó mal, poco espontáneo, por el malecón desierto a horas tardías. Al doblar la esquina, rodeado de mar por tres lados, del reflejo de la luna sobre el agua, de la cinta sucia de las olas, perdió de vista la residencial, adoptó su paso habitual. Anduvo mucho rato caminando en busca de algún bar abierto donde comprar un «rin», pero hasta llegar a Larco no lo consiguió. Telefoneó entonces tapándose la oreja libre con la mano.

—Resultó —dijo—. Ya tengo la plata. Un cheque nominal y suficiente en efectivo para celebrarlo esta noche.

—Uf, uf, uf. Véngase a casa. Mis padres han viajado —le propuso Marco.

Atravesó el parque por la parte de abajo, casi por su final, para evitar el Haití y al filósofo Costa y, antes de internarse en las callecitas elegantes, echó una ojeada a la bolera. Vio muchachas rubias, luces, piernas bronceadas, oyó risas femeninas y ruido de entrechocar de maderas. Le entró nostalgia, pensó en Cecilia. Eso dura todavía. Debo ser un imbécil civilizado y comprensivo. Se detuvo al pie de la casa de los padres de Marco a conversar con el portero adormilado, le ofreció cigarrillos, se despidió sonriendo:

—Si hay temblor, usted se va a salvar seguro, hombre. Son las ventajas de su trabajo, estar prevenido.

Dentro del ascensor su broma le rebotó, le provocó claustrofobia la moderna caja metálica donde, caso de ocurrir un terremoto, debería pasar horas a oscuras. Bajó de prisa, llegó a la puerta del apartamento y llamó. Marco le aguardaba en egipcíaca, con un parche negro en el ojo izquierdo, contoneándose como un payaso.

—¡Socio! —exclamó abrazándole—. ¡Cuénteme, ande! Me muero de curiosidad.

—¿Y tus padres? ¿Dónde están? —preguntó Miguel.

—Viajaron a Miami. Se estarán dorando al sol de Florida un par de meses. Relájese, tome posesión de ésta su casa.

Luna se sentía cansado, quería ducharse y su amigo le acompañó hasta la suite de los padres. La otra está malograda y aquí tienes tina además. Anda, apúrate, le dijo, mientras te preparará algo de comida. Miguel abrió el grifo de agua caliente, dejó que se llenara la bañera y comenzó a desnudarse. Miraba el lujo de aquel baño matrimonial donde las cremas, los perfumes, delataban una presencia femenina. Sin embargo, al compararlo con el de la casona de Barranco, echó algo a faltar. La gran ventaja de las madres respecto a otras mujeres es que nunca hacen ostentación de intimidades, pensó. Se rió recordando a Marco, desnudo de medio cuerpo, tapada la parte inferior por la egipcíaca, con aquel parche en el ojo que le daba aire de tabernero romano. Permaneció largo rato en la bañera, creando molicie, aguantando el calor, recordando sin cesar a Cecilia. Con toda aquella plata podría sin duda reconstruir un amor rico, alegrado por regalos, viajes, incluso una bañera nueva, tan precisa en la casona, la bañera de amores de invierno. Admitió vistiéndose la cobardía de tales proyectos, odió a la mujer engañadora, de sumamente fáciles amores. Marco le aguardaba amistoso, haciendo ostentación de la cena preparada para el amigo. En la mesa de la cocina se hallaban dispuestos varios pancitos, una tortilla de atún, mantequilla, cafetera y panqueques. Le dejó que se alimentara. Callaban sentados frente a frente y por el ventanuco que comunicaba con el patio de luces se colaba de tanto en tanto el ruido de frenazo de carro, de acelerón, personal y romántico a horas de sueño. Marco sacó una botella de pisco bueno, la descorchó, sirvió dos vasos y propuso brindis:

—Un solo trago, una excepción. Por el Loro del Tuerto.

—Ataviado con su egipcíaca, tapado un ojo por el parche negro, parecía de verdad el copropietario del hotel quimera. Bebió un sorbo y preguntó—: ¿Qué pasó, oiga? ¡Venga, cuenta!

—Le pedí la plata de sopetón, nada más darle la mano. Firmó un cheque nominal al toque, sin preguntar, y me soltó mil dólares en efectivo para jugar al póquer. Es un tipo curioso, hermano. —Luna se echó a reír—. Imagínate, estuve amarrando toda la partida, perdiendo de a poquitos. El viejo pendejo jugaba a la mala, a diez dólares el fósforo. Me mantuve más o menos hasta el final. Tenía un trío y fui. Me ganó con una escalera. Cuatrocientos. Daba gusto verle la alegría senil aunque no la manifestó para nada.

Marco resopló.

—Los tríos te ciegan siempre —dijo—. Sigues siendo un arquitecto sobrado. Siempre la estética del carajo, inferior en realidad a la escalera.

Abandonó el sillón, caminó descalzo pisando la alfombra de alpaca, prendió la radio y cambió infructuosamente de emisora. Luego desistió, la dejó en frecuencia modulada. Al campanilleo de la música de madrugada para enamorados se fueron amodorrando. Había una sola luz prendida, una lamparita junto a los ventanales abiertos, insuficiente para alumbrar la inmensa sala repleta de jarrones, de ceniceros de plata, de alfombrones.

—¿Nos vamos mañana? —preguntó Marco—. Ultima noche, pues —añadió levantándose al ver que su amigo no contestaba.

Fue hasta su cuarto, rebuscó en el cajón del escritorio hasta encontrar una papelina llena de polvo blanco. Luego, ayudándose de la llave del carro, aspiró un poquito de aquella cosa semejante a talco, plegó de nuevo la papelina, la guardó en el bolsillo de la egipcíaca y regresó a la sala. Miguel aceptó un tiro. Lo sintió treparsele al cerebro. Notó mayor inteligencia, se le despertaron a la vez un par o tres de zonas diferentes. Sin embargo no pudo cambiar de tema a voluntad, la idea padre se le imponía a pura coca. Desde luego, dejando aparte los aspectos de moral colectiva, su vida es bella. Prefiero quedármelo así, no estoy de acuerdo con los psicoanalistas, prefiero no haberle visto nunca en calzoncillos ni dándome de mamar biberón en mano, ni riñéndome malas notas. Ahora puedo valorarle, amarle en el sentido francés de la palabra como lo que es, una obra hermosa. Se acordaba también de Madrid, de la infancia, de la imposibilidad de odiar al padre, desconocido igual que Dios. Se veía de mayor, en la facultad, arrancándole pedacitos de información al padrino Martín, sin cartas, sin fotos, sólo con el dinero que enviaba en su nombre el padre sin rostro y sin palabra. Sintió temblores, la coca se encaminaba mal ahora, en plena madrugada. Propuso a Marco una partida del juego de las letras y palabras. Tomaron asiento en la otra punta de la sala, lejos de los ventanales, frente a la mesa, y comenzaron a repartirse los cuadraditos de madera estudiándolos con atención, tratándolos como a naipes.

—Bien, me rindo. Asumo mi derrota —dijo Marco—. Pegaré un tirito más para sublimar.

Se levantó de la mesa, en egipcíaca todavía pese al aire fresco de antes del alba. La radio transmitía ya canciones caras a obreros, huainos tristes para animarles a ir a su trabajo, alguna polquita. Tras la larguísima partida volvieron a tirar los dos borrando así el cansancio. Marco propuso:

—¿Llamo a las niñas del otro día, a las del Golden?

—No podría —confesó Luna—. Estaría impotente. ¿No ves que estoy enamorado?

Marco no se lo esperaba. Calló, le permitió desarrollar la confesión larguísima y razonada. Sonaban huecas, con ecos raros las palabras del español en el silencio. Su análisis de la personalidad de Cecilia, la valoración positiva de la infiel, cobraban tono de delirio lógico. ¡Ah, no!, exclamó Marco por fin. Le dejó hablando solo, fue hasta la librería de su cuarto y regresó con unos viejos libros de texto, con un Atlas.

—Vamos a estudiar geografía —ordenó—. Tenemos que conocer el Norte, zambo. Alégrate, viajaremos justo al revés que los románticos europeos, esos huevas tristes.

Miguel aceptó el juego, se puso a estudiar nombres de ríos, de montañas, a observar con atención la altura de las zonas norteñas. Buscaba un nombre bello por los pedazos verdes cercanos a la Cordillera tratando de hallar sobre el papel un buen emplazamiento a su hotelito de ceja de selva. Amanecía ya, la luz de la lamparita se debilitaba, cuando oyó decir a Marco:

—Decidido. Nos llevamos el pontiac.

Luna abandonó sus estudios y se dirigió a la ventana. Miró abajo. Majestuoso, solo en la playa particular, el carro comenzaba a ponerse rojo.

Despertaron al portero, le obligaron a salir de su garita, a quitar la cadena de hierro que daba acceso al parking. Iban los dos con los ojos muy abiertos y exceso de energía, haciendo gestos bruscos, nerviosos. Arrancaron derrapando en marcha atrás. Miraflores se encontraba todavía desierto, pero mientras recorrían la Arequipa empezaron a ver gentes madrugadoras. El noticioso les informó de la temperatura, la fecha, el número de muertos sepultados por un huayco. Tardaba en manifestarse el sol entre tanta neblina, la luz lechosa parecía de invierno. Al llegar a San Martín los limpiabotas pretendían ya trabajo a gritos, desparramados bajo los soportales. El *Versailles,* donde pensaban desayunar, estaba cerrado. Entonces Luna dijo de ir directamente al banco. Se hallaba impaciente por ingresar su cheque y convertirse en un rico, un futuro hombre de negocios. Ansiaba vulgaridad. La transcendencia iba ahora por ahí. Nada de arte, de política o de chino. Ser un tipo bien distinto a sí mismo, un empresario anónimo sin amores ni ideas. Llegaron a pie al Banco de la Nación, se impusieron a la cola haciendo alarde de blancos, fueron reverenciados y atendidos, y el español salió de allí llevando en la mano un flamante talonario.

Sin darse cuenta, guiados nada más por la comodidad de las calles en bajada, se encontraron de repente frente al Palacio de Justicia. Los alrededores del edificio cobraban en aquellos momentos de ajetreo primero aspecto de escenario de Las Mil y Una Noches.

—Vámonos esta misma mañana. ¿Qué le parece? —preguntó Marco contemplando a los escribas, cholos desorientados, carritos de venta ambulante, abogados con terno raído o pasado de moda—. ¡Adiós Lima de los Reyes!

¿Irse hoy? ¿Y Cecilia? Arrastró a su amigo hasta un carrito donde una vieja vendía sandwiches, ceviche y jugos, se acodó al mostrador y encargó desayuno. Vieron trajinar a la vieja, cómo movía sus manos sucias mientras les servía ceviche mixto. La luz del día, el sol al fin valiente, no disiparon las dudas lunares: irse sin más, quedarse o despedirse. Mordió un pedazo de pescado ácido, agarró el choclo con la otra mano dejando el plato en el mostrador de madera.

—Debería pasar antes por Barranco —dijo.

Marco se encogió de hombros; sin mirarle, atento al espectáculo que el submundo de la justicia le brindaba, habló de otras cosas.

—¡La puta! ¡Qué país me tocó, zambo!

Miguel pagó a la vieja. Echó una ojeada a los carros excitados de la Avenida de España, escuchó los pitidos, aspiró humo casi nuevo, el primero del día. Estaba ya decidido. Preguntó sin embargo:

—¿Te parece que debo ir a despedirme de Cecilia?

«No pares delante de la puerta, hermano. Déjame primero que inspeccione un poco a ver si hay visita. Todavía debe estar en casa.» Marco pasó de largo ante la casona, siguió dos cuadras y le dejó en la esquina. Te aguardo media hora en el Juanito jugando a la máquina, le dijo al arrancar. Luna dio unos cuantos pasos por la avenida mirando las mansiones que la flanqueaban, las copas de los árboles inmóviles en la mañana sin viento. El sol brillaba aquí de veras, playero, propagandeando las playas de abajo, y a su luz los colores femeninos de Barranco simulaban de nuevo el barrio balneario. En Sáenz Peña se detuvo, se sentó en un banco vacío, de espaldas a la panadería para evitar un posible encuentro con Angélica. No hay coches aparcados ante la puerta, pero pueden haberlos dejado en la calle de detrás. Quizá esté Costa. Veía pasar empleadas derramando olor a pancitos calientes. ¿Para qué despedirme si me olvidará igual? No tienen memoria, se lo tragan todo como un buzón, nunca cuentan de otros. Son contingentes, están negadas a la Idea, hasta ella, la más perfecta. Se levantó del banco y fue bajando hacia el malecón. Parado contempló el mar.

Iba a alcanzar la verja despintada cuando le pareció oír una voz de hombre. Dio media vuelta y se alejó sin volver la cabeza, en apariencia feliz —yo me dicto siguiendo el momento mis normas de conducta, mi voluntad inconstante soy yo—, caminando muy tieso, camino de la Plaza de la Municipalidad donde Marco le aguardaba jugando a la máquina del Juanito mierdoso.